Logiques politiques

Collection dirigée par Bruno Péquignot, Jean-Paul Chagnollaud et Denis Rolland

Créée en 1991 par Pierre Muller, puis dirigée par Yves Surel, la collection « Logiques politiques » a pour vocation principale de publier des ouvrages de science politique, ainsi que des livres traitant de thématiques politiques avec un autre angle disciplinaire (anthropologie, économie, philosophie, sociologie). Elle rassemble des recherches originales, tirées notamment de travaux de doctorat, ainsi que des ouvrages collectifs sur des problématiques contemporaines. Des séries thématiques sont également en cours de développement, l'une d'entre elles visant à publier des ouvrages de synthèse sur les systèmes politiques des États-membres de l'Union européenne.

Dernières parutions

Jean Luc UGUEN, *Les évolutions institutionnelles en Outre-mer au XXIe siècle*, 2023.
Soulef AYAD-BERGOUNIOUX, *Gouverner sans contraindre. Une histoire structurale des régimes de domination*, 2023.
Robert LLOANCY, *Du sionisme à l'universalisme : L.-L. Zamenhof*, 2023.
Aurélie BAYEN-POISSON, Arnaud DE RAULIN (dir.), *Les systèmes d'alerte et la démocratie rénovée*, 2023.
Quentin COUVREUR, *Les relations politiques Europe-Taïwan. Entre coopération dynamique et solidarité démocratique*, 2023.
Zachary DE SAINT-MÈDE, *Les visites officielles de la reine Elizabeth II en pays étrangers*, 2023.
Dominique VILLEMOT, *Qu'est-ce que le macronisme ?*, 2023.
Georges CONTOGEORGIS, *La démocratie comme liberté*, 2023.
Sabine CHOQUET, *La Violence de l'État*, 2022.
Henri BOUILLON, *Le préfet. Histoire, statut, fonctions*, 2022.
Fabrice HAMELIN, *Petite histoire politique du 80 km/h*, 2022.
Christine GALAVIELLE, *France-Allemagne, Face-à-face ou la main dans la main*, 2022.

Le droit au retour des Chagossiens sur leur terre natale

5-7, rue de l'École-Polytechnique, 75005 Paris

http://www.editions-harmattan.fr

ISBN : 978-2-336-43863-4
EAN : 9782336438634

Sabir Kadel

Le droit au retour des Chagossiens sur leur terre natale

La *realpolitik* doit-elle l'emporter sur les droits fondamentaux ?

L'Harmattan

Du même auteur :

La Dixième époque, éditions Aparis, 2011
Étranges Attracteurs, éditions Kirographaires, 2011
Rommel Reloaded, éditions Estelas, 2021
Vox populi, éditions L'Harmattan, 2022

À mon père.

Liste des sigles et abréviations

BIOT : British Indian Ocean Territory
CEDH : Convention européenne des droits de l'homme
CIA : Central Intelligence Agency
CIJ : Cour internationale de justice
CPI : Cour pénale internationale
CPJI : Cour permanente de justice internationale

SOMMAIRE

« *La première victime de la guerre, c'est la vérité.* »
Eschyle

INTRODUCTION

Certains termes sont dévoyés, utilisés à tort et à travers, sans égard pour leur étymologie ou leur évolution. Le terme de « *realpolitik* » en fait partie. Quand Metternich employa le terme, ce fut dans le contexte des guerres napoléoniennes qui déchirèrent l'Europe au début du XIXe siècle[1]. Ensuite, un certain Ludwig von Rochau lui donna ses lettres de noblesse et théorisa la notion[2]. Comme pour beaucoup de termes allemands, à l'instar de *Schadenfreude* ou encore de *Männerfreundschaft*, il est difficilement traduisible, et comme tout un chacun le sait, qui traduit trahit. Nous ne nous risquerons pas ainsi à une traduction, mais plutôt à une définition. Celle-ci pourrait prendre la forme suivante : la *realpolitik*, c'est tout simplement du pragmatisme politique, le mot « pragmatisme » devant prendre ici le sens que lui donnait William James[3]. Pour beaucoup, le terme est synonyme d'immoralité, nous adopterions plutôt celui d'amoralité, le « a » privatif ayant notre faveur sur le préfixe négatif au vu du contexte dans lequel il fut d'abord utilisé.

Toutes les nations n'ont pas forcément recours à la *realpolitik*, mais toutes se tournent vers elle lorsque leurs intérêts vitaux sont menacés ou lorsque des enjeux économiques importants sont en jeu, les seconds se parant souvent des atours des premiers. Les processus de décolonisation ne font pas exception et épousent la *realpolitik*, comme nous le verrons plus loin. Et le parangon de la *realpolitik* en matière de décolonisation c'est l'expulsion des Chagossiens de leur terre natale afin de

---

[1] C. Zorgbibe, *Metternich, le séducteur diplomate*, Editions de Fallois, 16 septembre 2009

[2] H. Holborn, *History of Modern Germany: 1840-1945*, Princeton University Press, 1982

[3] W. James, *Pragmatism*, Dover Publications, 25 avril 2012

pouvoir y installer une base militaire sur une des îles, Diego Garcia, que les Britanniques donnèrent à bail aux Américains pour cinquante ans, et ce contre une remise des ventes sur le prix des missiles Polaris au Royaume-Uni[4].

Nous sommes en 1965. Cette année-là, les premières troupes américaines débarquent au Sud-Vietnam. Pour la première fois, un homme, un Russe, effectue une sortie extravéhiculaire dans l'espace. Mohammad Ali met KO Sonny Liston au premier round. Et le Royaume-Uni, lui, envoie au tapis tous les rêves d'un peuple d'une petite île perdue dans l'Océan indien en passant un accord secret avec une Ile Maurice pas encore indépendante, mais en passe de le devenir. Un tel accord a pour but de déraciner toute une population, non autochtone, ce point a son importance, et ce pour des raisons de géostratégie.

Les Chagossiens, c'est leur nom, recevront certes une compensation, mais modique. Une fois Maurice indépendante, ils seront « transférés » sur celle-ci, les mots ont un sens, et devront s'y adapter bon an mal an. Comme tous ceux forcés à l'exil, d'Ulysse à Victor Hugo, ils aspirent un jour à retourner chez eux, même si depuis, beaucoup n'ont connu cette terre qu'au travers des récits que leur firent leurs parents.

La question qui nous préoccupe en l'espèce est de savoir si les droits des Chagossiens à retourner chez eux doivent prévaloir sur la géostratégie états-unienne qui repose, presque entièrement dans cette région, sur la base militaire de Diego Garcia[5]. On ne peut ébaucher une solution qu'en répondant à d'autres questions en amont, comme celle de savoir si le droit au retour constitue ou non un droit fondamental ou encore même si un tel droit existe pour ce

---

[4]Sir McGeoch Ian Laclan Mackay, *The British Polaris Project: A Study of the British Naval Ballistic Missile System (BNBS) : Its Origins, Procurement and Effect*, University of Edinburgh, 1975

[5] Voir cartes en annexes I et II.

qui concerne les Chagossiens. Dans l'affirmative, ce droit fondamental s'opposerait à une *Realpolitik* des plus fortes, qui est la défense de ses intérêts vitaux par les États-Unis. Comme l'avait rappelé le président Jacques Chirac durant son second mandat dans une tribune dans le journal Le Monde : « *Pour être entendu, il faut aussi, lorsque c'est nécessaire, être capable de faire usage de la force. Nous devons donc disposer d'une capacité importante à intervenir en dehors de nos frontières, avec des moyens conventionnels, afin de soutenir ou de compléter cette stratégie. Une telle politique de défense repose sur la certitude que, quoi qu'il arrive, nos intérêts vitaux seront garantis.* »[6] Une phrase comparable, n'importe quel dirigeant politique aurait pu la prononcer et c'est cette même logique qui fait que la voix des Chagossiens se résume pour les Américains à une *vox clamatis in deserto*, une voix qui crie dans le désert. L'intérêt géostratégique que représente cet atoll ne peut en effet être sous-estimé. Il a en effet servi à renverser l'armée irakienne qui était alors considérée, ainsi le voulait la propagande du moins, comme la quatrième armée du monde[7]. Plusieurs bombardiers décollèrent de la base américaine afin de recouvrir d'un tapis de bombes les positions irakiennes lors de la première Guerre du Golfe. Rebelote lors de la Seconde Guerre du Golfe. Le fils a pris la relève du père, pour terminer la besogne que le premier a entreprise une décennie plus tôt. Renverser les dictateurs n'est pas le seul but de cette base, « la lutte contre le terrorisme », c'est l'expression consacrée, en est un autre. Que ce soit pour faire la Guerre en Afghanistan, une guerre certes ingagnable, puisque depuis Alexandre le Grand, personne n'a pu imposer sa loi

---

[6]http://www.lemonde.fr/idees/article/2006/01/19/proteger-nos-interets-vitaux_732429_3232.html

[7] La Tyrannie de la communication, Gallimard, col. « Folio actuel », n° 92, Paris, 2001

au pays des Pachtounes – les Soviétiques en savent quelque chose –, mais ce n'est pas pour autant que la machine de guerre américaine reculera (plus de 400 milliards de dollars pour la période 2003-2005[8]). Que ce soit pour y amener des « combattants illégaux », autre expression consacrée, pour y être interrogés loin des yeux moralisateurs et loin de tout cadre juridique[9].

Les Chagossiens eux, qui pour la plupart n'ont jamais lu Machiavel ou entendu parler de Clausewitz, ne comprennent pas pourquoi ils ont dû être chassés de leur terre pour permettre à un pays qu'ils ne visiteront sans doute jamais de consolider sa position géostratégique dans une région qui n'est pas la sienne et imposer ainsi sa *pax americana*. Ils aspirent donc à retourner chez eux ; pour y faire quoi et avec quels moyens de subsistance[10] ? Cette question est souvent évacuée en faveur d'une position de principe : le retour de ces « Palestiniens de l'océan Indien »[11] sur leur terre d'origine.

Comparaison n'est pas raison et mettre sur le même plan le sort des Palestiniens et celui des Chagossiens a certes une grande portée rhétorique, mais dans les faits, et quoi que l'on puisse penser du conflit israélo-palestinien, il n'y a pas grand-chose qui les rapproche. Une telle comparaison a pour unique but de servir les desseins des défenseurs de la cause chagossienne.

Un bref rappel historique s'impose pour mieux comprendre les enjeux en présence. L'île Maurice se situe à environ 2,000 kilomètres au sud-est des côtes africaines. Elle fut découverte en premier lieu par les marins arabes en

---

[8] Cfr.org/cgs

[9] http://www.courrierinternational.com/article/2004/01/08/diego-garcia-un-guantanamo-de-l-ocean-indien

[10] https://www.gov.uk/government/speeches/british-indian-ocean-territory-policy-review

[11] http://www1.rfi.fr/actufr/articles/023/article_11291.asp

1502 qui la nommèrent *Dina Arobi* (l'île abandonnée), mais qui ne s'y installèrent pas. Puis, en 1507, ce fut au tour des Portugais de visiter l'île et d'y établir une base temporaire et la baptisèrent *Ihla Do Cirne*, littéralement, l'île du Cygne. Mais ce furent les Hollandais qui en tirèrent véritablement profit à partir de 1598 pour se ravitailler. C'est d'ailleurs à eux que l'on doit le nom contemporain de l'île puisqu'ils la baptisèrent *Mauritius*, en hommage au Prince Maurits van Nassau[12]. Mais un cyclone eut raison de la détermination hollandaise et ils durent abandonner l'île en 1695. En 1715, les Français, déjà présents à l'île de la Réunion (alors appelée *Ile Bourbon*), prennent officiellement possession de l'île et la rebaptisèrent *Isle de France*. Le règne colonial français dura jusqu'en 1810 quand les Français furent vaincus par les Anglais, en dépit du fait d'avoir remporté la bataille de Grand-Port la même année, la seule bataille navale remportée par la flotte napoléonienne, comme en témoigne l'inscription sur l'Arc de Triomphe à Paris. Cette défaite fut scellée par le traité de Paris de 1814 et confirmée par l'acte final du congrès de Vienne en 1815. L'Angleterre retourna l'île de la Réunion à la France, mais conserva Maurice et l'île Rodrigues, de même que les Seychelles[13].

Tous les habitants de Maurice durent prêter serment d'allégeance au roi d'Angleterre, de par une ordonnance de décembre 1810, mais ils furent autorisés à préserver leurs religions, lois, us et coutumes, de même que leur langue. Cependant, dès 1832, toute correspondance en français avec la Couronne britannique exigeait une traduction

---

[12] Fils du prince Guillaume Ier d'Orange-Nassau (1533-1584) et d'Anne de Saxe (1544-1577), fille du prince-électeur Maurice de Saxe (1521-1553), Maurice de Nassau fut souverain prince d'Orange à partir de 1618.

[13] A. Malet et J. Isaac, *Révolution, Empire et première moitié du XIXe siècle*, librairie Hachette 1929, p. 386.

anglaise, et en 1847, la langue française fut tout bonnement bannie de la Cour Suprême, même si les Anglais prirent garde à préserver l'organisation judiciaire française. Ainsi furent maintenus le Code pénal et le Code civil. L'esclavage, quant à lui, fut aboli le 1er février 1835 : 66,613 esclaves furent émancipés, au sein d'une population de 101,469 âmes[14].

Le principe d'octroyer l'indépendance à Maurice fut décidé à la suite de la conférence constitutionnelle de 1965. Sur l'île cependant, tout le monde n'était pas en faveur d'un détachement avec la Grande-Bretagne[15]. Mais c'est la voix de l'indépendance qui résonna le plus fort, et au sortir des élections de 1967 et la victoire du parti travailliste, l'indépendance était au seuil de la porte. Le *Mauritius Independence Bill* fut approuvé par la Chambre des Lords le 13 février 1968 et le 12 mars de la même année, Maurice devint indépendante et la nouvelle constitution, élaborée par le professeur Stanley Alexander de Smith, promulguée.

Cet essai ne portera pas sur les revendications mauriciennes sur les Chagos, même si cette question sera traitée de manière collatérale. Il n'a pas non plus pour objet de dresser un catalogue des souffrances subies par les Chagossiens, même si toute population déracinée en subit et les Chagossiens ne font pas exception. Maintenant que l'on a, à l'instar de la théologie négative, dit ce que cet essai ne sera pas, il convient de dire ce qu'il sera. Il a pour but, d'une part, d'examiner le bien-fondé du retour des Chagossiens sur leur terre natale, non sur un plan humaniste, nous laisserons ce débat à d'autres dont le métier est de s'outrager, mais sur un plan purement juridique, et, d'autre part, n'en déplaise aux pourfendeurs

---

[14] A. Nagapen, *Histoire de la Colonie Isle de France – Ile Maurice 1721-1968*, Diocèse de Port-Louis, 1996, p. 69

[15] À l'instar du PMSD (Parti Mauricien Social Démocrate), dirigé par Gaëtan Duval.

de l'impérialisme américain, d'envisager les enjeux géostratégiques que comporte cet atoll et se demander s'ils doivent l'emporter sur les droits des Chagossiens de retourner chez eux, si tant est, bien entendu, qu'un tel droit existe.

Ainsi, le leitmotiv, pour parler en termes wagnériens, de cet essai, sera de faire le point sur la notion même de droit fondamental et d'analyser à l'aune de quoi certains droits dits fondamentaux peuvent en surpasser d'autres. Ainsi, en droit interne[16], on sait que l'état de nécessité peut parfois justifier que le droit de se nourrir surpasse celui de la propriété[17].

Cet essai donc, dans une première partie, se posera la question suivante : à qui appartient l'archipel des Chagos ? Pour répondre à cette épineuse question, nous passerons en revue le processus d'indépendance de Maurice et le mettrons en relief avec des exemples étrangers pour faire ressortir sa particularité avant d'examiner plus en détail les différents arguments fournis par les Chagossiens (Ch. I) et les Britanniques (Ch. II) au cours des différentes affaires qui les opposèrent. La Seconde partie, quant à elle, se concentrera sur l'aptitude du droit international à contenir la *Realpolitik*, en examinant d'abord la pertinence du droit au retour comme droit fondamental (Ch. I) avant d'examiner la vraie emprise du droit international sur le comportement des États (Ch. II).

---

[16] Art. 122-7 C.pén. fr.

[17] T. corr. Château-Thierry, 4 mars 1898, où fut prononcée la relaxe d'une mère de famille qui avait été amenée, pour nourrir son enfant malade et sous-alimenté, à voler un pain dans une boulangerie, et ce sur le fondement de la contrainte morale de l'article 64 de l'ancien Code pénal français : la solution, justifiée en équité, ne l'était pas en droit car la contrainte de l'article 64 suppose une abolition totale de la volonté de l'agent sous l'influence d'un événement imprévisible et irrésistible, situation qui ne se rencontrait pas en l'espèce.

PREMIÈRE PARTIE - L'APPARTENANCE JURIDIQUE DES CHAGOS

« *À l'inverse des Français, écrit Michel Renouard dans sa biographie de Lawrence D'Arabie*[18]*, persuadés de la valeur universelle et indiscutable de leurs schémas mentaux, les Anglais sont des pragmatiques. Finauds, ils s'adaptent aux coutumes et jouent double jeu, parlant d'autonomie aux naïfs qui veulent bien les croire alors que, sous couvert de fouilles archéologiques, ils espionnent et dressent des cartes.* » Cette analyse du caractère colonial anglais s'appliquait au Moyen-Orient du début du vingtième siècle, mais peut tout autant convenir à la géopolitique britannique dans l'océan Indien de la deuxième moitié du siècle dernier.

Au lendemain de la Seconde Guerre mondiale, le processus de décolonisation s'enclencha et, une à une, les grandes puissances coloniales de l'époque, en tête la France et la Grande-Bretagne, constatèrent, non sans dépit, que le nombre de leurs colonies se rétrécissait comme une peau de chagrin. La France vit se détacher, au fil des ans, l'Indochine, puis l'Algérie ; la Grande-Bretagne, elle, allait, au fur et à mesure, perdre son titre d'empire où le soleil ne se couche jamais[19]. En effet, après que Gandhi eut fait plier la Couronne[20], les jours de l'Empire britannique étaient comptés, comme l'atteste le discours prononcé par Harold MacMillan, Premier ministre en 1960 et intitulé « *Wind of*

---

[18]Renouard, Michel (2012-12-18). *Lawrence d'Arabie* (Folio biographies) (French Edition) (Kindle Locations 45-46). Editions Gallimard. Kindle Edition.

[19] N. Vance, *"Imperial Rome and Britain's Language of Empire 1600–1837". History of European Ideas* 26 (3-4): 213, fn.3, 2000.

[20] L'Inde devint indépendante en 1947.

change »[21]. Le rouleau compresseur de la décolonisation s'était mis en marche et plus rien ne pouvait l'arrêter. Les grandes nations d'antan n'avaient qu'à en prendre leur parti. Mais c'était bien mal les connaitre, et encore plus mal comprendre le processus de décolonisation, qui découlait non tant d'une prise de conscience morale que d'impératifs politiques. En effet, l'homme occidental ne s'est pas réveillé un beau matin en se rendant compte qu'il ne convenait plus, pour paraphraser Jules Ferry, de « *civiliser les races inférieures* »[22] ; ce sont lesdites « races » qui ont bouté les colonisateurs hors de leurs frontières. Qui les ont, qui plus est, poussés dans leurs derniers retranchements intellectuels : en effet, comment justifier, après la Seconde Guerre mondiale, qu'on puisse envahir d'autres peuples sans passer soi-même pour des nazis ? Comment comprendre que les résistants combattent les SS, mais ne pas excuser les fellaghas qui combattent les légionnaires français ? [23] Ce sont toutes ces raisons, et bien d'autres encore, comme le poids économique de plus en plus élevé que faisait peser l'Algérie sur le contribuable de la métropole[24], qui ont amené les différents processus de décolonisation à terme. Différents, car, quand il s'agit de décolonisation, c'est le pluriel qui est de mise, tant le

---

[21] « Le vent du changement souffle sur ce continent. Que cela nous plaise ou non, cette poussée de la conscience nationale est un fait politique. »

[22]http://www2.assemblee-nationale.fr/decouvrir-l-assemblee/histoire/grands-moments-d-eloquence/jules-ferry-1885-les-fondements-de-la-politique-coloniale-28-juillet-1885

[23] C'est notamment l'argumentaire de Me. Jacques Vergès lorsqu'il a défendu Klaus Barbie lors du procès qui lui était intenté à Lyon du 11 mai au 4 juillet 1987.

[24] J. Marseille, *Empire colonial et capitalisme français : Histoire d'un divorce*, Editions Albin Michel, 26 janvier 2005

phénomène est protéiforme et varie d'un « château l'autre » comme aurait dit Céline[25].

Si l'indépendance de nombre de pays qui battaient pavillon britannique ou français après la Seconde Guerre mondiale s'est faite au prix fort, souvent dans le sang, celle de Maurice s'est écrite avec de l'encre ; en effet, c'était à la condition que Maurice acceptât de céder les Chagos aux Britanniques, un archipel de 60 km^2 à environ 2000 km au sud de l'Inde, sans grand intérêt de prime abord, si ce n'est sa situation géostratégique cruciale. L'île Maurice devient donc indépendante trois ans plus tard, en 1968, mais les Chagossiens, les habitants d'origine africaine de cet archipel, eux, eurent à quitter leur terre natale, en direction des bidonvilles de Maurice et des Seychelles.

Le Royaume-Uni donne ensuite à bail une des îles de cet archipel, Diego Garcia (et qui en dépit de sa forme de fer à cheval ne porta pas chance à ses habitants), aux Américains pour qu'ils y installent une base militaire qui, à l'époque, servit surtout pour contrer l'influence croissante de l'Union soviétique dans la région durant la guerre froide et qui, plus tard, fera office de rampe de lancement pour les B-52 lors de la première Guerre du Golfe ainsi que pour les différentes guerres que mèneront les Américains au début du vingt et unième siècle et dont certaines se poursuivent jusqu'à aujourd'hui[26].

Depuis, Maurice essaie tant bien que mal de récupérer cet archipel par des moyens juridiques sans pour autant, en dépit d'une décision de courte durée rendue en sa faveur en 2000[27] par la Haute Cour de justice de Londres, obtenir gain de cause. Et la création d'une zone marine protégée autour

[25] L-F Céline, *D'un château l'autre*, Gallimard Folio, 1973.

[26] P. D. Scott, *La machine de guerre américaine : La politique profonde, la CIA, la drogue, l'Afghanistan*, DEMI-LUNE, 2012.

[27] *R v Secretary of State for Foreign and Commonwealth Affairs, ex p Bancoult* (No 1) [2000] EWHC Admin 413

de cet archipel n'arrange pas les choses[28]. Prétextant des buts écologiques, la Grande-Bretagne aspire à créer autour des Chagos une zone marine protégée ; si le but paraît louable, celui de protéger les différentes espèces marines de la région, la conséquence qui en découlerait serait l'impossibilité pour les Chagossiens d'y retourner.

Nous allons examiner dans un premier chapitre les revendications chagossiennes sur l'archipel des Chagos avant de voir dans un second chapitre les raisons avancées par les Britanniques pour soutenir que cet archipel ne peut leur être retourné.

---

[28]http://www.newscientist.com/article/mg22329884.400-chagos-marine-reserve-polluted-by-politics.html#.VVCGSpOczIU

Chapitre I – Les arguments fournis par les Chagossiens

L'île Maurice, depuis des années, conteste la légitimité de l'emprise britannique sur l'archipel des Chagos. En effet, argue-t-elle, cet archipel, ayant été partie intégrante de Maurice avant son accession à l'indépendance, une fois celle-ci acquise, aurait dû continuer à faire partie de son territoire. Pour évaluer le bienfondé d'une telle revendication, il convient avant toute chose de retracer l'histoire de Maurice et de se focaliser en particulier sur son accession à l'indépendance pour expliquer comment elle se démarque des autres nations qui furent jadis parties de l'Empire britannique.

À la différence de nombreux pays qui acquirent leur indépendance de la Grande-Bretagne ou d'autres puissances colonisatrices, Maurice n'eut jamais de peuples autochtones, comme nous le verrons dans la Seconde Partie. En effet, les premiers habitants de l'île furent les Européens, d'abord les Hollandais, comme il a été dit plus haut, ensuite les Français, puis les Anglais. Au fil du temps, d'autres populations ont rejoint l'île, à savoir d'Afrique par le biais de l'esclavage, d'Inde, par la voie de l'engagisme (*communément appelé « Indentured labour »*) pour remplacer la main-d'œuvre des esclaves après l'abolition de l'esclavage, et également de Chine. Ces différentes populations sont appelées « communautés » à Maurice et constituent le découpage pour les recensements statistiques, ainsi que pour déterminer les « Best Losers » aux élections législatives, c'est-à-dire les candidats aux élections législatives qui n'ont pas été élus, mais qui sont « repêchés » sur une base purement ethnique parce qu'ils appartiennent à une communauté sous-représentée. Les distinctions sont comme suit : hindous, musulmans (les deux proviennent d'Inde), sino-mauriciens et population générale (un euphémisme pour désigner les chrétiens, qu'ils soient blancs ou d'origine africaine). On relèvera que l'athéisme n'a ainsi pas vraiment droit de cité dans le pays, puisque selon la Constitution de Maurice[29], seuls peuvent se présenter aux élections un candidat issu des communautés susmentionnées, ce qui est contraire aux droits de l'homme et notamment à la liberté de culte, qui comprend non seulement la liberté de croire, mais également, la liberté de ne pas croire.

De ce fait, aucun peuple à Maurice n'a été « colonisé », au sens propre du terme, au contraire de l'Algérie ou encore de l'Indochine par exemple. Pour schématiser, les Britanniques ont accordé l'indépendance à un peuple dont ce n'était pas la terre d'origine. Ainsi, si indépendance il y a eu, on ne peut pour autant parler de décolonisation, puisque celle-ci s'entend bien souvent d'une puissance occupante et d'un peuple occupé. L'indépendance est à mettre au compte de l'émergence d'un certain « mauricianisme » ; les différentes communautés à Maurice se sont reconnues comme peuple à part entière, quelles que pussent être leurs origines diverses, et ne se sont plus identifiées à l'Angleterre. Si cet exemple est rare, il n'est pas pour autant unique. Ainsi, on peut songer aux treize colonies d'Amérique du Nord qui se liguèrent contre la Couronne britannique et décrétèrent leur indépendance le 4 juillet 1776. Mais à la différence des Américains qui ont gagné l'indépendance au prix d'une guerre (1775-1783), les Mauriciens, eux, sont allés la quémander à Londres. Autre temps, autres mœurs. De plus, au contraire des Américains qui crièrent à l'injustice[30] pour justifier l'indépendance, ce

[29] Section 3(4) du *First Schedule* de la Constitution de Maurice de 1968.

[30] Comme l'imposition qu'exerça la Grande-Bretagne sur ses treize colonies en Amérique à travers la *Stamp Act* et les *Townshend Acts*, ainsi que la non représentation au parlement de Westminster, ce qui amena la *Boston Tea Party*.

n'est pas ce sentiment qui guida les Mauriciens. Mais alors que les États-Unis se sont complètement coupés des Britanniques[31], le système judiciaire mauricien, lui, est demeuré inféodé au juge anglais, puisque le Conseil privé de la Reine (« *Privy Council* ») demeure toujours la plus haute Cour d'appel à Maurice. Le pays a toutefois gardé différents Codes de lois français, mais souvent dans une version remaniée, comme le Code civil, le Code pénal, le Code de procédure civile ainsi que le Code de commerce, et ce pour des raisons historiques liées à la présence française dans l'île et au Traité de Paris de 1814 qui permet aux habitants de l'île de préserver leurs lois et coutumes ; cependant, les décisions des tribunaux français comme les arrêts de la Cour de cassation, ainsi que la doctrine française, ne font pas autorité, et les tribunaux mauriciens s'y réfèrent uniquement à titre consultatif, au contraire des décisions du *Privy Council*, auxquelles les tribunaux mauriciens doivent se conformer.

Les relations des pays nouvellement indépendants avec leurs anciennes puissances colonisatrices sont rarement au beau fixe, et cela se comprend aisément. En effet, certaines plaies sont difficiles à refermer, souvent dans les deux camps ; pensons à l'Algérie. Il est difficile de tirer un trait sur des décennies de souffrances, d'autant plus que les tortionnaires français en Algérie n'ont jamais eu de compte à rendre à la justice (puisqu'une loi votée le 31 juillet 1968 en confirmation des deux décrets du 22 mars 1962 amnistie l'ensemble des infractions commises en Algérie par l'armée française et ses partisans), le général Aussaresses se permettant même le luxe de claironner haut et fort qu'il assume parfaitement cette « méthode » de guerre[32]. Mais la

[31] Ils ne conduisent pas à gauche, au contraire de Maurice où c'est le cas.

[32] P. Aussaresses, *Services spéciaux Algérie 1955-1957 : Mon témoignage sur la torture*, Perrin, 2001

colonisation britannique se démarque de la colonisation française en ce sens qu'elle n'avait pas pour ambition d'intégrer coute que coute les populations colonisées ; en effet, la colonisation d'outre-Manche s'est faite davantage sous le signe d'une gestion que sous celle d'une assimilation et a su composer bien souvent avec les populations autochtones. De plus, et contrairement à la France, elle a mieux su gérer l'après-colonisation, notamment avec la création du Commonwealth, réunissant sous la même égide des pays dispersés aux quatre coins du monde.

Ce que ces pays avaient en commun était plus qu'une langue. C'est pourquoi la Francophonie n'a pas pu arriver au même résultat d'unir les différents pays francophones. Ce qu'ils avaient en commun, c'était une culture en partage, legs de la couronne britannique. Maurice ne fait pas exception et a depuis toujours entretenu de bonnes relations avec Westminster, que ce soit sur le plan politique, juridique ou symbolique. La seule pomme de discorde entre les deux pays est, et a toujours été, les Chagos.

Il est temps maintenant d'examiner les différents arguments mis en avant par les Chagossiens pour prétendre à un retour sur leur archipel. Pour ce faire, nous allons nous concentrer sur les deux décisions qui ont fait date devant la Chambre des Lords, mieux connues sous *Bancoult 1* (A) et *Bancoult 2* (B).

A. *Les arguments soulevés dans « R v Secretary of State for Foreign and Commonwealth Affairs, ex p Bancoult (No 1) [2000] »*

En 2000, Olivier Bancoult[33], un Chagossien, a demandé une révision judiciaire (« *Judicial Review* ») du décret de 1965 qui a permis de déplacer les Chagossiens de leur terre natale et du décret en conseil de 1971 et de sa section 4 qui interdit à toute personne d'entrer ou de demeurer sur le Territoire britannique de l'océan Indien sans permis. La *Divisional Court* qui a entendu l'affaire a jugé que cette ordonnance était, pour utiliser le jargon du droit administratif anglais, « *ultra vires* », donc, nul et non avenu[34]. D'après l'avis de la cour, selon la Section 11 du décret en Conseil de 1965, le Commissaire (« *Commissioner* ») du Territoire britannique de l'océan Indien (*British Indian Ocean Territory*, ci-après abrégé en « BIOT ») était habilité à légiférer pour la « paix, l'ordre et la bonne gouvernance » du BIOT, un euphémisme pour conférer de larges pouvoirs discrétionnaires à la puissance coloniale d'alors. Cependant la Cour susmentionnée, reconnaissant certes que le pouvoir législatif colonial avait l'autorité exclusive de déterminer en quoi devaient constituer « la paix, l'ordre et la bonne gouvernance », jugea qu'un tel pouvoir ne pouvait d'aucune manière être illimité.

Suite à quoi, le secrétaire d'État britannique d'alors déclara publiquement ne pas vouloir interjeter appel du jugement et qu'une nouvelle ordonnance allait voir le jour pour autoriser les Chagossiens à regagner leurs îles (à

[33] Né en 1964 sur l'île de Peros Banhos dans l'archipel des Chagos, et qui est devenu le fer de lance du combat juridique chagossien pour avoir le droit de retourner sur leur archipel.

[34] *R v Secretary of State for Foreign and Commonwealth Affairs, ex p Bancoult* (No 1) [2000] EWHC Admin 413.

l'exception de Diego Garcia), tout en permettant à la Grande-Bretagne de respecter ses obligations liées aux traités qu'elle avait signés. L'ordonnance de 1971 fut alors abrogée et remplacée par le *BIOT Immigration Ordinance 2000*, une loi subsidiaire, qui permet aux Chagossiens de retourner sur leur archipel sans permis.

Ce jugement sonna la victoire des Chagossiens qui, semblait-il alors, pourraient regagner leur terre natale. Sans vouloir faire durer le suspense, cette victoire sera de courte durée comme nous le verrons plus loin, et aucun Chagossien ne verra les côtes de leur archipel. Mais il convient d'abord, pour mieux comprendre les situations qui seront traitées en aval, d'examiner le droit britannique et saisir en quoi consiste exactement un « décret en conseil » et comment fonctionne le mécanisme de « *Judicial Review* ».

Section 1 – La notion d'*Order in Council*

Qui traduit, trahit, comme le veut l'adage. Cependant, nous allons nous risquer à traduire « *Order in Council* » par « décret en conseil », la traduction littérale de « Order » en « ordre » ne rendant pas, d'un point de vue de terminologie juridique, correctement le sens de cette expression. Le mot « ordonnance » est parfois aussi utilisé, et nous emploierons les deux indistinctement. Ce décret est une sorte de prérogative royale, fait au nom de la Reine par le Conseil Privé[35]. Il ne faut point confondre les « *Orders-in-Council* » avec les traits d'union, et les « *Orders in Council* » sans traits d'union. Les premiers sont rédigés par

[35] Il conseille le souverain pour toute décision qu'il est amené à prendre dans la direction des affaires du Royaume-Uni. Le souverain, en agissant sous les recommandations du Conseil privé, est connu en tant que Roi-en-Conseil (*King-in-Council*) ou Reine-en-Conseil (*Queen-in-Council*).

le souverain sur avis du Conseil, les seconds sont exclusivement rédigés par le Conseil lui-même.

Bien que les décrets soient promulgués officiellement par la reine, dans la pratique, l'assentiment royal ne constitue qu'une formalité. Ce qui se passe réellement, c'est qu'un représentant du gouvernement (généralement un ministre ou le Lord Président du Conseil) fait une lecture des différents décrets rédigés par le gouvernement devant la reine, et celle-ci ne fait que dire à chaque fois : « approuvé ». C'est alors que lesdits décrets peuvent entrer en vigueur.

Un décret pris en vertu de la prérogative royale constitue une législation primaire, et ne dépend pas d'une loi pour son autorité, même si une loi du Parlement peut modifier cela. Ce type de décret est devenu au fil du temps moins répandu, étant donné que les lois ont tendance à empiéter sur les domaines qui jusqu'alors étaient l'apanage d'une prérogative royale. Les questions qui relèvent toujours de la prérogative royale, et qui sont en conséquence régis par décrets, incluent les affaires touchant aux fonctionnaires de la Couronne, comme les ordres permanents pour les fonctionnaires, la nomination des chefs de sociétés de l'État, la gouvernance des territoires britanniques d'outre-mer, ou encore la prise de rendez d'avec l'Église d'Angleterre ainsi que les relations internationales.

Généralement, les décrets sont utilisés comme un moyen pour le Premier ministre d'effectuer des nominations politiques, mais ils peuvent également être utilisés pour faire passer des lois simples. Souvent en cas d'urgence, un gouvernement peut émettre des lois directement par décrets, renonçant à la procédure parlementaire habituelle même si la plupart des décrets de ce genre sont par la suite formalisés selon le processus législatif traditionnel, s'ils ne sont pas d'abord révoqués à la fin de la situation d'urgence. Cependant, au Royaume-Uni, ce pouvoir a été plus tard remplacé par un pouvoir législatif d'émettre ces décrets en conseil. Les décrets en conseil britannique peuvent parfois être utilisés pour infirmer de manière efficace des décisions de justice applicables aux territoires d'outre-mer britanniques sans impliquer le Parlement. Dans le Royaume-Uni lui-même, les décisions de justice ne peuvent être officiellement annulées que par une loi du Parlement, ou par la décision d'une cour supérieure en appel, comme ce fut le cas avec *Bancoult 1* dont la décision se vit annulée par un décret en conseil de 2004 qui interdisait à nouveau le retour des Chagossiens dans leur archipel.

Section 2 – Le recours au droit administratif anglais

Maintenant que nous avons vu en quoi consiste exactement un décret en conseil, il est temps de s'appesantir sur la décision de la *Divisional Court* de sanctionner ledit décret. Mais d'abord, il convient d'expliquer comment les Chagossiens ont pu avoir accès au système judiciaire britannique. Le fait est qu'au moment de leur déplacement forcé, les Chagossiens étaient des citoyens du Royaume-Uni et de ses colonies sous le *British Nationality Act* 1948. En vertu du *British Nationality Act* 1981, ils devinrent citoyens des *British Dependent Territories*. Plus tard, par le biais du *British Overseas Territories Act* 2002[36], ils sont devenus citoyens des *British Overseas Territories* et ainsi pouvaient prétendre à une citoyenneté britannique complète[37], c'est-à-dire qu'ils pourront jouir des mêmes droits civils et politiques que tous les citoyens britanniques, comme toucher les prestations sociales ; étant citoyens britanniques, les Chagossiens étaient recevables à entrer des affaires devant les tribunaux britanniques afin de faire

---

[36] http://www.legislation.gov.uk/ukpga/2002/8/section/2

[37] Depuis 1968, les Chagossiens peuvent aussi revendiquer la citoyenneté mauricienne.

valoir leur droit au retour dans leur archipel, ce qu'ils ne manquèrent pas de faire en 2000, pour faire réviser judiciairement le décret de 1965.

Le droit administratif anglais, à l'instar du droit français, est cette branche du droit qui a pour objet l'ensemble de règles par lequel l'exercice du pouvoir gouvernemental est contrôlé. En particulier, il s'intéresse aux moyens par lesquels un tel pouvoir peut être contrôlé par les cours de justice, ce qui s'appelle le *judicial review* (« révision judiciaire »). Cette révision judiciaire est le procédé par lequel une cour de justice examine la conduite d'un corps étatique afin d'établir si ce corps a oui ou non agi légalement, dans le sens d'avoir agi dans le giron des pouvoirs légaux qui lui sont conférés[38]. La révision judiciaire ne se restreint pas au droit constitutionnel ou administratif mais c'est en relation au droit administratif qu'il s'est particulièrement développé ces derniers temps.

C'est en effet un principe des plus fondamentaux que les personnes ou les corps étatiques en autorité ne peuvent tirer leur pouvoir sur les autres qu'en vertu d'une autorité légale. Ainsi, quand une autorité publique, que ce soit un département gouvernemental, un ministre, une autorité locale ou encore même un policier, désire exercer leur pouvoir d'une certaine manière qui affecterait les droits ou les attentes d'un individu, ils doivent se baser sur une source légale pour justifier le pouvoir, sans quoi, ce serait le règne de l'arbitraire. C'est bien d'ailleurs là ce qui différencie les démocraties des régimes autoritaires.

La procédure de révision judiciaire est distincte de celle ayant cours dans un procès normal ; comme Lord Diplock[39]

---

[38] I. Stevens, *Constitutional & Administrative law*, third edition, Pitman Publishing, 1996, p. 221.

[39] William John Kenneth Diplock, Baron Diplock fut un juge anglais né en 1907 et décédé en 1985 et qui contribua grandement à la pensée juridique anglaise.

le déclara dans l'affaire *Council of Civil Service Unions v Minister for the Civil Service*[40] : « La révision judiciaire, comme les mots l'impliquent, ne constitue pas un appel d'un jugement, mais une révision de la manière dont la décision a été rendue. »[41] Lors de cette même affaire, il énonça les différents motifs pouvant amener à une révision judiciaire. Ceux-ci sont l'illégalité, l'irrationalité, la proportionnalité et l'impropriété procédurière.

Voyons un à un les différents motifs, ce qui nous aidera plus tard à mieux cerner la pertinence des arguments soulevés par les Chagossiens.

Illégalité

Selon Lord Diplock, cela signifie que le décideur doit bien comprendre la loi qui régit son pouvoir de prise de décision et doit lui donner effet. Une décision peut être illégale pour de nombreuses raisons différentes. Par exemple, la décision peut avoir été prise par la mauvaise personne[42]. Une illustration en est l'affaire *Allingham v Minister of Agriculture and Fisheries*[43], où un avis empêchant les agriculteurs de la culture de betteraves a été jugé illégal parce que le pouvoir de mettre en place la notice a été délégué par le comité original[44].

---

[40] http://www.bailii.org/uk/cases/UKHL/1983/6.html

[41] *Council of Civil Service Unions v Minister for the Civil Service* [1985] AC 374

[42] Si la loi habilite une autorité particulière, par exemple un ministre, à prendre certaines décisions, le ministre ne peut déléguer ce pouvoir à une autre autorité, tel un haut dirigeant ou un comité. Cela diffère d'un travail de routine n'impliquant pas beaucoup de discrétion par des fonctionnaires au nom du ministre, et qui n'est pas considéré comme une délégation.

[43] *Allingham v Minister of Agriculture* [1948] 1 All ER 780

[44] Lorsqu'une décision est prise par un département habilité au sein d'un conseil local, la Section 101 de la *Local Government Act* permet la délégation.

Il peut aussi y avoir une erreur de droit ou de fait qui a été commise. Par exemple, dans une affaire[45], la Chambre des Lords a estimé que la question de savoir si les requérants étaient des « immigrants illégaux » était une question de fait qui devait être prouvée positivement par le ministre de l'Intérieur avant de pouvoir utiliser le pouvoir de les expulser. Le pouvoir dépendait du fait qu'ils étaient ou non des « immigrants illégaux » et qu'ils soient entrés illégalement sur le territoire[46], et toute erreur par rapport à ce fait faisait que le ministre de l'Intérieur agissait en dehors de sa compétence pour les expulser.

L'illégalité sera également relevée dans le cas où le décideur aura ignoré des considérations pertinentes ou pris en compte des considérations non pertinentes[47] ou encore quand il refuse d'entendre des applications ou de prendre certaines décisions sans tenir compte des circonstances individuelles en référence à une certaine politique.

Enfin, sera aussi considéré comme illégal, et c'est en outre sur ce point que va reposer l'argumentaire chagossien, une autorité qui agirait au-delà de ses pouvoirs (« *ultra vires* »). Le cas d'école souvent cité est l'affaire *Attorney General v Fulham Corporation*[48]. En effet, dans l'affaire de l'expulsion des Chagossiens, selon la Divisional Court, la

---

[45] *R v Secretary of State for the Home Department, ex parte Khawaja* [1984] AC 74

[46] http://www.refworld.org/docid/3ae6b69924.html

[47] Par exemple, dans *Wheeler v Leicester City Council [1985]*, le Conseil municipal avait interdit à un club de rugby l'utilisation de son terrain parce que trois des membres du club voulaient faire une tournée en Afrique du Sud du temps de l'apartheid.

[48]*Attorney-General v-Fulham Corporation* [1921] 1 Ch 440. En l'espèce, le Conseil municipal de la ville de Fulham avait décidé de mettre en place des lavoirs pour les personnes qui n'en possédaient pas, mais décida de faire payer les gens pour leurs utilisations. Le tribunal a jugé que le Conseil a outrepassé ses pouvoirs en essayant de bénéficier monétairement pour quelque chose qui était censé être à la disposition de tout un chacun.

Section 4 du décret en conseil était illégale en ce sens que le gouvernement avait outrepassé les pouvoirs qui lui étaient conférés et avait donc agi de manière « *ultra vires* ».

Irrationalité

Toujours selon le même Lord Diplock, une décision est considérée comme irrationnelle si elle est « tellement scandaleuse dans son mépris de la logique ou des normes morales acceptées qu'aucune personne sensée qui aurait songé à la question n'aurait pu arriver à une telle conclusion. » Cette norme est plus généralement connue sous l'expression de « *Wednesbury unreasonableness* »[49], d'après la décision dans l'affaire *Associated Provincial Photo Maisons Ltd v Wednesbury Corporation*[50], où elle a d'abord été imposée. Contrairement à l'illégalité et l'irrégularité de procédure, les tribunaux examinent ici le fond de la décision, plutôt que la forme. La question à poser est de savoir si la décision « fait sens ».

Dans l'affaire chagossienne *Bancoult 2*, il fut argué que la décision de promulguer les ordonnances de 2004 n'était pas substantiellement irrationnelle ou déraisonnable. En effet, le gouvernement britannique affirma que le BIOT a été constitué pour des raisons de défense, et la cour a admis qu'un « souverain raisonnable en conseil » aurait pu arriver à la même conclusion.

Proportionnalité

La proportionnalité est une exigence que la décision soit proportionnelle à l'objectif qu'elle cherche à atteindre[51]. La

[49] http://www.bailii.org/ew/cases/EWCA/Civ/1947/1.html

[50] *Associated Provincial Picture Houses Ltd. v Wednesbury Corporation* [1948] 1 KB 223

[51] Par exemple un ordre d'interdire une marche de protestation pour des raisons de sécurité publique ne doit pas être donné s'il y a une autre façon de protéger la sécurité publique, par exemple, en attribuant une route alternative pour la manifestation.

proportionnalité existe comme un motif d'annulation de décisions administratives dans la plupart des systèmes juridiques continentaux et est reconnue en Angleterre dans les cas où les questions de droit communautaire et des droits de la CEDH sont impliqués. Cependant, elle n'est pas encore un motif distinct de contrôle judiciaire, bien que lord Diplock a fait allusion à la possibilité d'être reconnu comme tel à l'avenir. À l'heure actuelle, le manque de proportionnalité peut être utilisé comme un argument pour une décision irrationnelle[52].

L'irrégularité de procédure

Une décision souffre d'irrégularité procédurale si les règles juridiques appropriées n'ont pas été suivies pour y parvenir ou si les règles de la justice naturelle n'ont pas été respectées. Six conditions sont généralement citées qui pourraient amener à une irrégularité de procédure : le non-respect des procédures légales, un dévoiement de la justice naturelle, la partialité dans le rendu d'une décision[53], le droit à un procès équitable[54], le devoir de motiver ses décisions[55], et enfin une expectative légitime[56], raison dont vont se prévaloir les Chagossiens. En effet, alors que le gouvernement britannique avait publiquement affirmé que les Chagossiens pourraient retourner chez eux, il changea d'avis sans les avoir consultés au préalable. Mais la cour dans *Bancoult 2* refusa de voir dans les déclarations du secrétaire d'État une « assurance claire et non ambiguë »

---

[52] *R(Daly) v Secretary of State for the Home Department* [2001] 2 AC 532

[53] *R v Bow Street Metropolitan Stipendiary Magistrate, Ex Parte Pinochet Ugarte* 3 WLR 1,456 (H.L. 1998)

[54] *Ridge v Baldwin* [1964] AC 40 (HL)

[55] *R v Secretary of State for the Home Department Ex p Doody* [1993] 3 All ER 92

[56] *R v Liverpool corporation ex parte Liverpool taxi Fleet Operators* [1972]

que les Chagossiens pourraient retourner chez eux et de fait ceux-ci ne peuvent prétendre qu'ils avaient une « attente légitime » quant à une réinstallation sur leur archipel, et ce en dépit du fait que le secrétaire d'État britannique, le 3 novembre 2000, avait fait la déclaration suivante : « J'ai décidé d'accepter la décision de la cour et le gouvernement ne fera pas appel ».

B. Les arguments soulevés dans « R v Secretary of State for Foreign and Commonwealth Affairs, ex p Bancoult (No 2) [2008] »

Comme il a été dit plus haut, les Chagossiens crurent avoir remporté une importante victoire en 2000 avec la décision de la *Divisional Court*, puis de la Cour d'appel, comme quoi le décret de 1965 était *ultra vires*. Mais si tant est que ce fût une victoire, ce fut une victoire à la Pyrrhus ; en effet, en 2004, deux autres décrets en conseil furent promulgués[57] pour à nouveau interdire tout retour des Chagossiens. Le secrétaire d'État d'alors prétexta que cette volte-face était nécessaire afin de respecter les obligations qui lièrent la Grande-Bretagne aux États-Unis. Comme nous le constatons, et comme nous le constaterons encore plus loin, jamais la Grande-Bretagne ne prétexte ou ne prétextera la *realpolitik* pour justifier de ses mesures, mais se réfugiera toujours derrière le droit pour légitimer ses actions.

Mais les Chagossiens n'en démordirent pas et portèrent à nouveau l'affaire devant la *Divisional Court*, arguant que les nouveaux décrets étaient eux aussi *ultra vires*, et qu'ils étaient déraisonnables et allaient outre une « attente légitime » selon le droit administratif anglais, et selon les notions vues plus haut ; en effet, après que le secrétaire

---

[57] Le BIOT Constitution Order 2004 et le BIOT Immigration Order 2004

d'État eut publiquement déclaré que les Chagossiens pourraient retourner sur leur archipel, ils pouvaient légitimement s'attendre à fouler un jour à nouveau leur sol natal. La cour, une fois encore, donna gain de cause aux Chagossiens. Le gouvernement britannique interjeta appel de la décision, et la Cour d'appel, elle aussi, trancha en faveur des « Ilois » (comme on appelle fréquemment les Chagossiens). Cependant, quand l'affaire arriva à la chambre des Lords, ceux-ci, à une majorité de 3 contre 2, jugèrent que lesdits décrets en Conseil étaient valides. Selon eux, quand bien même la révision judiciaire peut s'appliquer aux décrets en conseil, en l'espèce, les relations internationales ainsi que la sécurité nationale en jeu primaient sur le droit administratif classique.

Ce jugement semble sceller définitivement le sort des Chagossiens ; et pourtant, les arguments soulevés en faveur d'un droit au retour étaient pertinents et consistaient, en sus de ceux soulevés dans *Bancoult 1* et que nous avons déjà examinés et qui portaient sur la révision judiciaire, dans le droit de résidence des Chagossiens (« right of abode ») et faisait appel au droit international coutumier qui aurait consacré le droit à l'autodétermination, comme nous allons le voir respectivement dans la section 1 et dans la section 2.

Section 1 – La notion de « right of abode »

Les Chagossiens prétendent qu'ils ont un « *right of abode* », autrement dit, un droit de résidence, dans l'archipel des Chagos. Celui-ci consiste généralement en une liberté d'aller et venir dans le pays dont on est originaire. Ainsi, au Royaume-Uni, selon l'*Immigration Act* 1981, toute personne titulaire d'un tel droit a corollairement un droit illimité de vivre au Royaume-Uni. Il est important de se rappeler que les Chagossiens ont obtenu la nationalité britannique et que les Chagos faisant partie des « *British Indian Overseas Territories* », qui n'incluent d'ailleurs que les Chagos, *de facto*, ils auraient droit d'y résider. Pour mieux comprendre, il faut saisir comment ce droit est censé fonctionner en Grande-Bretagne.

Le « Right of abode »[58] est conféré à une personne qui, au 31 décembre 1982[59], était un citoyen du Commonwealth ou qui était un sujet britannique, avait un parent qui, au moment de la naissance ou de l'adoption légale de la personne, était un citoyen du Royaume-Uni et de ses colonies en raison d'avoir été né au Royaume-Uni, ou qui était une citoyenne du Commonwealth et/ou sujet britannique qui était, ou avait été mariée à un homme qui avait le droit de résidence. Une personne qui a le droit de résidence au Royaume-Uni, mais qui ne possède pas un passeport britannique le décrivant comme un citoyen britannique ou un sujet britannique avec le droit de résidence peut demander un certificat de droit à être apposé à l'intérieur de son passeport ou autre document de voyage.

Dans la décision rendue dans *Bancoult 2*, un des Law Lords, en l'occurrence Lord Mance, se basant sur la décision *Campbell v Hall*[60], considéra que les habitants d'un territoire conquis ou cédé doivent bénéficier de la protection du souverain et être universellement reconnus comme sujets, et qu'ainsi, chaque citoyen britannique a le droit d'entrer et de demeurer dans le lieu auquel sa nationalité renvoie. Par contre, Lord Hoffmann, lui, précise cyniquement que « le droit de résidence est une créature du droit. La loi peut le donner et la loi peut le reprendre. »[61] C'est ce dernier qui aura gain de cause.

---

[58] https://www.gov.uk/right-of-abode

[59] Pour cette raison, les citoyens du Pakistan et de l'Afrique du Sud ne sont généralement pas habilités à résider au Royaume-Uni puisque ces pays n'étaient pas membres du Commonwealth au 1er janvier 1983.

[60] *Campbell v Hall* (1774) 1 Cowp 204, 98 ER 1045

[61] Bancoult 2 (HL) (n 1) [45].

Section 2 – Le droit international coutumier

La coutume a une valeur juridique au moins égale à celle des traités[62]. Selon l'article 38 (1) (b) du statut de la Cour internationale de justice, la Cour applique la coutume internationale comme preuve d'une pratique générale acceptée comme étant le droit[63]. Le droit coutumier apporte de la souplesse au droit international puisqu'il lui permet d'évoluer de manière élastique par rapport à la conduite des États et il a tendance à refléter les besoins et la pratique de ceux-ci. Dans l'affaire du *Plateau continental de la mer du Nord*[64] (dans laquelle la RFA se voyait reprocher de ne pas respecter le principe de l'équidistance en vertu duquel la frontière est constituée d'une ligne réunissant un certain nombre de points situés à égale distance de chacun des États), la CIJ a déclaré que la pratique des États, incluant celle des États dont les intérêts étaient particulièrement affectés, aurait dû être à la fois extensive et virtuellement uniforme dans le sens de la disposition invoquée, et de plus aurait dû se produire de telle manière à démontrer une reconnaissance générale qu'une règle de droit ou une obligation légale est en jeu. Cela fut confirmé dans *l'affaire du Nicaragua*[65]. Cependant, la nécessité que la pratique des États doit être extensive et représentative des intérêts de tous ceux affectés par l'émergence d'une nouvelle pratique ne doit pas amener à croire que chaque État doit donner son consentement avant d'être lié par un nouveau principe de

---

[62] S. Sur, *Fasc. 13 : SOURCES DU DROIT INTERNATIONAL . – La coutume*, JurisClasseur Droit international, 1er avril 1989

[63]http://www.icj-cij.org/documents/index.php?p1=4&p2=2&p3=0&lang=fr

[64]*Plateau continental de la mer du Nord (République fédérale d'Allemagne/Pays-Bas)* [1969] ICJ 1

[65] Activités militaires et paramilitaires au Nicaragua et contre celui-ci (Nicaragua c. Etats-Unis d'Amérique) 27 juin 1986

droit international coutumier, c'est ce que dit en substance la *Déclaration de Londres sur les principes applicables à la formation du droit international coutumier général*[66], qui n'a cependant pas de valeur normative.

Il est de plus nécessaire de démontrer que les États se comportent comme s'ils étaient dans l'obligation légale de suivre une pratique particulière, comme le fait à nouveau ressortir la CIJ dans l'affaire du *Plateau continental de la mer du Nord.* Celle-ci indique que l'*Opinio juris*, qui est l'élément subjectif qui est utilisé pour juger si la pratique d'un État est due à une croyance qu'il est légalement tenu de faire un acte particulier[67], découle des points de vue subjectifs des États engagés dans une pratique particulière.

Selon Bancoult, à la lecture en parallèle de l'article 73 de la Charte des Nations Unies[68], de la déclaration coloniale

---

[66] http://legal.un.org/ilc/reports/2011/english/annex.pdf

[67] D. J., Bederman, *International Law Frameworks*, New York Foundation Press, 2001, pp. 15-16

[68] Selon lequel « *Les Membres des Nations Unies qui ont ou qui assument la responsabilité d'administrer des territoires dont les populations ne s'administrent pas encore complètement elles-mêmes reconnaissent le principe de la primauté des intérêts des habitants de ces territoires. Ils acceptent comme une mission sacrée l'obligation de favoriser dans toute la mesure possible leur prospérité, dans le cadre du système de paix et de sécurité internationales établi par la présente Charte et, à cette fin :*

a. d'assurer, en respectant la culture des populations en question, leur progrès politique, économique et social, ainsi que le développement de leur instruction, de les traiter avec équité et de les protéger contre les abus;

b. de développer leur capacité de s'administrer elles-mêmes, de tenir compte des aspirations politiques des populations et de les aider dans le développement progressif de leurs libres institutions politiques, dans la mesure appropriée aux conditions particulières de chaque territoire et de ses populations et à leurs degrés variables de développement;

c. d'affermir la paix et la sécurité internationales;

d. de favoriser des mesures constructives de développement, d'encourager des travaux de recherche, de coopérer entre eux et, quand

de 1960 et de la déclaration sur les relations amicales de 1970, le droit à l'autodétermination a acquis le statut de droit international coutumier, et ce d'autant plus que le gouvernement britannique a adhéré aux termes du Chapitre XI de la Charte des Nations Unies et de la déclaration de 1970. En effet, dans l'affaire du *Lotus*[69], la Cour permanente de justice internationale (CPJI) a observé que les lois qui engagent les États émanent de leur propre libre arbitre comme exprimé par les conventions et les usages généralement acceptés.

Ainsi, la question qui pointe est de savoir si les Accords de Lancaster ont violé le principe d'autodétermination dans l'hypothèse où tel principe fasse partie du droit international coutumier. Les différentes affaires qu'on a vues plus haut disent en substance qu'acquièrent le statut de droit international coutumier toutes les pratiques généralement acceptées par les États répétées sur un temps plus ou moins long.

En l'espèce, la déclaration coloniale a été adoptée sans qu'aucun État membre ne vote contre. Quand bien même les résolutions n'ont pas de valeur contraignante en soi, la rédaction même de la déclaration est faite dans un langage tel qu'il s'en dégage une force normative. En effet, le verbe utilisé, « déclare », dénote une obligation et fait office de

---

les circonstances s'y prêteront, avec les organismes internationaux spécialisés, en vue d'atteindre effectivement les buts sociaux, économiques et scientifiques énoncés au présent Article;

e. de communiquer régulièrement au Secrétaire général, à titre d'information, sous réserve des exigences de la sécurité et de considérations d'ordre constitutionnel, des renseignements statistiques et autres de nature technique relatifs aux conditions économiques, sociales et de l'instruction dans les territoires dont ils sont respectivement responsables, autres que ceux auxquels s'appliquent les Chapitres XII et XIII. »

[69] *France c. Turquie*, 7 septembre 1927.

verbe performatif[70], qui réalise une action par le fait même de son énonciation[71].

Il faut toutefois tenir compte de la manière dont les États eux-mêmes envisagent la déclaration, pour savoir si celle-ci peut constituer le droit international coutumier. Au vu des déclarations émises[72] par les États au lendemain du vote en faveur de cette résolution 1514, on peut en déduire qu'ils pensaient qu'un cadre normatif se dessinait. Ainsi, on peut supputer que les termes des dispositions de la Déclaration manifestent l'émergence d'une *opinio juris* qui soutient le statut coutumier du droit à l'autodétermination.

Selon le juriste italien Antonio Cassese[73], les dispositions de la Déclaration coloniale ont rapidement atteint le statut de droit coutumier international. Selon lui, en adoptant la Déclaration coloniale, les États membres des Nations Unies se sont prononcés collectivement contre le colonialisme. De plus, l'importance de la pratique des États qui a par la suite émergé vient confirmer le fait que les droits et obligations affirmés dans la résolution 1514 a acquis le statut de droit international coutumier vers la fin des années soixante.

Son point de vue ne fait toutefois pas l'unanimité. Selon Jorge Castañeda[74], la Déclaration coloniale révèle certes un certain degré d'autorité politique, mais cela n'est pas suffisant pour créer des obligations d'ordre légal dans le contexte colonial ; ainsi, la résolution 1514 de l'Assemblée générale n'imposerait pas d'obligation légale aux puissances coloniales d'accorder l'indépendance à tous les

---

[70] J. L. Austin, *Quand dire, c'est faire*, Paris, Seuil, 1970, pp. 157-158.
[71] http://www.cnrtl.fr/definition/performatif
[72] M. Shaw, *International Law*, Cambridge University Press, 2008, (n 143) p. 77.
[73] A. Cassese, *Self-Determination of Peoples: A Legal Reappraisal*, Cambridge University Press, 1999.
[74] J. Castañeda, *Legal Effects of United Nations Resolutions (Study in International Organization)*, Columbia University Press, 1970.

peuples colonisés sur une base immédiate et inconditionnelle. Il ajoute cependant un bémol puisqu'il suggère que cette Déclaration proclame tout de même l'illégitimité du colonialisme et jette ainsi les prémisses du droit à l'autodétermination.

Selon un autre auteur, en l'occurrence la juriste Knop[75], la Déclaration représente un changement paradigmatique dans la manière d'envisager la colonisation. Ainsi, selon elle, la notion de « tutelle », qui part du principe que les peuples colonisés ne sont pas assez mûrs pour se gouverner eux-mêmes, se trouve dépassée.

Nous constatons donc que le principe d'autodétermination s'est vu conférer le statut de droit international coutumier, et que les Britanniques ne pouvaient donc en faire fi pour priver ainsi les Chagossiens de leur archipel. De plus, et selon les termes de la Déclaration[76], la décolonisation ne dépend pas du fait que les peuples colonisés soient prêts ou non pour l'indépendance, ni sur le fait que cette dernière puisse faire l'objet de conditions[77]. Ainsi, la Grande-Bretagne ne pouvait faire « chanter » les Mauriciens et faire du détachement des Chagos une condition non négociable pour l'indépendance de Maurice.

---

[75] K. Knop, *Diversity and Self-Determination in International Law*, Cambridge Studies in International and Comparative Law, 2008

[76] Paragraphe 2 de la Déclaration.

[77] Paragraphe 5 de la Déclaration.

Chapitre II – Les arguments fournis par les Britanniques

L'île Maurice a été britannique jusqu'au 12 mars 1968, date à laquelle elle a acquis son indépendance. L'argument récurrent à l'encontre du détachement des Chagos c'est que cet archipel ayant appartenu à Maurice avant l'indépendance, une fois celle-ci acquise, Maurice aurait dû en garder la possession. Cependant, comme nous l'avons vu, l'histoire même de Maurice vient contrecarrer cet argument puisque les Chagos n'ont pas en tant que tel appartenu à Maurice qu'ils étaient gérés depuis Maurice, celle-ci dépendant des Britanniques. Cependant, nous allons laisser cet argument de côté pour l'instant en attendant que la Deuxième partie nous aide à y voir plus clair, pour nous concentrer sur le fait que quand bien même cet argument tient, cela ne veut pas pour autant dire que le détachement des Chagos ait été illégal au regard du droit international. Nous allons d'abord voir comment les Mauriciens auraient cédé les Chagos à la Grande-Bretagne et que plus tard les Chagossiens auraient eux-mêmes renoncé à leur droit de retour contre une compensation financière, avant d'examiner la possibilité pratique pour les Chagossiens de retourner chez eux.

A. Le détachement volontaire des Chagos

Le 5 novembre 1965, le Conseil mauricien des ministres examina, lors d'une réunion formelle, la question du détachement des Chagos. Cependant, selon le procès-verbal de la réunion, le Conseil porte à l'attention du gouvernement britannique qu'il ne devra pas transférer ou vendre à une tierce partie les Chagos. Ce à quoi le secrétaire colonial acquiesça en précisant que Maurice ne devra pas soulever le point ou encore demander le retour des

Chagossiens de sa propre initiative. Le 8 novembre de la même année, le BIOT fut constitué par un décret en conseil et cela fut annoncé à la Chambre des communes le 10 novembre.

Le BIOT fait partie de ce que l'on appelle les « *British Overseas Territories* », c'est-à-dire les territoires britanniques d'outre-mer et a vu le jour le 8 novembre 1965. Dans un document préparé par le gouvernement britannique en 1999 et intitulé « *Partnership for progress and Prosperity: Britain and the Overseas Territories*[78] », il fut énoncé 4 principes supposés régir ces territoires d'outre-mer, à savoir la constitutionnalité, l'autonomie, l'autodétermination et le développement économique.

Selon un rapport du gouvernement mauricien datant de 1983[79], le détachement des Chagos était la condition *sine qua non* pour l'acquisition de son indépendance par Maurice. Ainsi, du point de vue mauricien, cela équivalait ni plus ni moins qu'à un chantage et par conséquent on pouvait considérer que le consentement donné ne fut pas éclairé.

Ce qui prévaut en droit interne vaut aussi en droit international ; ainsi, comme tout bon civiliste le sait, toute convention doit être conclue de bonne foi. En effet, selon l'article 1134 du Code civil français, les conventions légalement formées « doivent être exécutées de bonne foi », ce devoir de loyauté s'imposant aussi bien au débiteur qu'au créancier[80]. La bonne foi impose également aux parties une obligation de renégociation du contrat[81].

De plus, le principe du consensualisme découle de l'autonomie de la volonté, qui puise ses racines chez les philosophes des lumières ainsi que chez les physiocrates.

---

[78] (Cm 4264, 1999).

[79] Excision Report (n 3) 9, 1983, p. 23

[80] Civ. 3e, 8 avril 1987.

[81] Com., 3 novembre 1992.

Le consentement, c'est l'accord de deux ou plusieurs volontés dans le but de créer des effets juridiques. Le consentement peut cependant être vicié, pour erreur, dol ou violence[82].

L'erreur consiste en une appréciation erronée de la réalité qui incite une personne à conclure un contrat[83], même si toutes les erreurs n'entrainent pas nécessairement la nullité du contrat. Il peut s'agir soit d'une erreur-obstacle, alors la nullité absolue est de mise, soit d'une erreur sur la substance même de la chose qui en est l'objet[84]. Quant au dol[85], il s'agit d'une tromperie destinée à provoquer sciemment une erreur chez le partenaire afin de le déterminer à conclure le contrat. Enfin, il y a la violence qui est exercée sur une personne pour l'entrainer à donner son consentement. Ce n'est pas ici la violence elle-même qui constitue un vice de consentement, mais la crainte qu'elle inspire à la victime.

Les mêmes principes s'appliquent en droit international[86]. Dans le cas des Accords de Lancaster, ce serait la crainte de ne pas pouvoir accéder à l'indépendance. Ainsi, il semblerait bien que le consentement donné en 1965 soit entaché d'un vice mais les détails des Accords de Lancaster vont nous révéler que les choses ne sont pas aussi tranchées ; de plus il est plus difficile de déceler un vice du consentement dans la renonciation à leur droit au retour par les Chagossiens en échange d'une compensation pécuniaire ; même si moralement l'idée peut paraître choquante, d'un point de vue juridique, il ne semble rien avoir à y redire.

---

[82] Article 1109 du Code civil français.

[83] Civ. 1re, 22 février 1979, *D.* 1978, 601.

[84] Article 1110, al. 1er Code civil français.

[85] Article 1116 Code civil français.

[86] J. Dehaussy, Fasc. 11 : SOURCES DU DROIT INTERNATIONAL. - LES TRAITES. - (Conclusion et conditions de validité formelle), JurisClasseur Droit international, 1983

Section 1 – Le consentement donné par le Conseil des ministres quant au détachement des Chagos

Selon la Convention de Vienne de 1969 sur le droit des traités[87], ceux-ci doivent être caractérisés par la liberté du consentement et la bonne foi (articles 48 et suivants de la Convention). Seewoosagur Ramgoolam, le Premier ministre d'alors, avoua qu'il était prêt à tout pour que Maurice obtienne son indépendance, y compris céder une île « *qui est très loin d'ici, et que nous n'avons jamais visitée, que nous ne pourrions jamais visiter...* »[88] et affirma qu'il était prêt à le refaire si nécessaire. Selon lui, il ne s'agissait pas d'un chantage,[89] mais d'un choix judicieux[90].

L'humiliation subie par les Britanniques lors de la crise de Suez amena la Couronne à revoir le rôle qu'elle avait à jouer sur l'avant-scène mondiale. En juillet 1961, le gouvernement britannique informa le gouvernement américain que les contraintes financières étaient telles qu'il pensait se retirer militairement de l'océan Indien[91]. Cela jeta un froid dans les couloirs du Pentagone qui s'inquiéta qu'un tel retrait pourrait laisser le champ libre à l'Union soviétique, puisqu'on était alors en pleine Guerre froide. Ainsi, les discussions débutèrent entre les deux gouvernements en vue d'établir des facilités militaires dans l'océan Indien. C'est alors que le gouvernement britannique indiqua qu'il était prêt à détacher n'importe quelle île de ses colonies afin de satisfaire les aspirations géostratégiques des États-Unis. Le gouvernement américain prit soin de

---

[87]http://legal.un.org/ilc/texts/instruments/francais/traites/1_1_1969_francais.pdf
[88] Excision Report (n 3) 9, 1983, p. 22
[89] Ibid p. 36.
[90] Ibid p. 10.
[91] CINCPACFLT, mémorandum au CINCPAC, 13 août 1964, NHC : 00 Files, 1964, Box 20, 11000/1A, Tab-B.

préciser qu'il voulait tout l'archipel sous leur entier contrôle et non seulement l'île de Diego Garcia où serait construite la base militaire. Bien entendu, l'archipel devrait être vidé de ses habitants.

Le 29 juin 1964, le gouverneur britannique de Maurice consulta le Premier ministre Ramgoolam à propos de l'idée d'établir des facilités de défense militaire sur les Chagos. Le Premier ministre mauricien fit comprendre qu'il n'était pas contre cette idée, mais qu'en aucun cas les Chagos ne devaient être détachés de Maurice. Le 13 juillet de la même année, le Conseil des ministres en fut avisé sans pour autant que la possibilité d'un détachement des Chagos leur soit communiquée. Un rapport du 23 septembre 1964 a conclu que Diego Garcia serait un endroit approprié pour l'installation d'une base militaire et qu'il serait possible de procéder au déplacement et à la réinstallation de la population civile de n'importe quelle île de l'archipel[92]. Il fut également convenu que la Grande-Bretagne prendrait en charge les coûts de la réinstallation des habitants alors que les États-Unis, eux, se chargeraient financièrement de la construction de la base militaire sur Diego Garcia.

Le 3 juillet 1965, le Conseil mauricien des ministres fut informé du plan de détachement des Chagos de Maurice en lien avec l'établissement d'une base militaire sur Diego Garcia. Au début, le Conseil n'y consentit pas ; cependant, il était d'accord pour accorder un bail des îles de l'archipel à la condition que les droits mauriciens sur la pêche, la navigation et les routes aériennes ainsi que sur les ressources minérales soient garantis pendant la période du bail. En sus de cela, le Conseil demanda à ce qu'un traité de défense soit signé entre Maurice et la Grande-Bretagne qui lui garantirait une sécurité intérieure comme extérieure au cas où Maurice accèderait à l'indépendance. Ce qui n'emballa pas les Britanniques, puisque cela allait à

---

[92] Rapport de R. Newton, PRO CO 1036/1332, 23 septembre 1964.

l'encontre de leur politique de retrait colonial et militaire de l'océan Indien. Le *Foreign Office* considéra en conséquence qu'ils pourraient se passer de l'assentiment mauricien puisqu'un détachement des Chagos pourrait toujours se faire par le biais unilatéral d'un *Order in Council* et que de plus, les frontières de Maurice pourraient éventuellement être redessinées sous le *Colonial Boundaries Act* de 1895. Par contre, le *Colonial Office*, lui, s'inquiétait des conséquences politiques à même de découler si tant est que les représentants du gouvernement mauricien ne donnassent pas leur aval à un détachement des Chagos, surtout étant donné le climat général qui régnait à l'époque à propos de la colonisation et du fait que les Nations Unies pourraient se braquer. Ainsi, un compromis fut trouvé, et le *Foreign Office* céda du terrain pour qu'un traité de défense puisse être signé[93].

La volonté de se retirer progressivement de l'océan Indien s'est fait jour dès le début des années 60 chez les Britanniques, cependant, il y avait une crainte qu'une indépendance accordée à Maurice alors puisse résulter en des tensions raciales parmi les différentes ethnies dont était constituée l'île[94]. Mais le parti travailliste mauricien, qui avait la faveur des hindous (qui constituaient et constituent toujours la majorité dans le pays) poussait de plus en plus en faveur d'une indépendance et les Britanniques ne pouvaient plus y être sourds. D'autres partis, soutenus surtout par les Franco-mauriciens et les personnes de descendance africaine, s'y montraient plus réticents. C'est dans ce contexte que fut décidée l'organisation d'une conférence en septembre 1965 pour discuter de l'avenir de

[93] Mémo des Secrétaires d'Etat à la défense et des Affaires étrangères : PRO CAB 148/22 COPD (65).

[94] CO 1036/331: Future Constitutional Development of Colonies, CO Print, mai 1957.

l'île et qui comprenait les cinq partis politiques présents alors dans le pays.

Lors des discussions, le Premier ministre d'alors proposa un bail initial de 99 ans pour un coût de 7 millions de livres de l'époque par an pour les 20 premières années et ensuite 2 millions de livres pour les années restantes. Il suggéra également que Maurice pourrait se voir accorder d'abord l'indépendance et qu'ensuite il lui soit permis de négocier directement avec les gouvernements britannique et américain quant au détachement des Chagos[95].

Le briefing que reçut le Premier ministre britannique Harold Wilson ne laisse que peu de doutes sur les intentions des Britanniques ; en effet, il fut dit en substance, et de manière toute rhétorique, que l'objet de la réunion serait de « *l'effrayer avec de l'espoir* » : espérer avoir l'indépendance. Effrayé qu'il n'en soit pas en mesure à moins de consentir au détachement des Chagos[96]. La note contenait également certains éléments biographiques du Premier ministre mauricien, qui est décrit comme quelqu'un qui se fait vieux et qui réalise qu'il doit faire en sorte que Maurice devienne indépendante pour l'avancement de sa propre carrière et qui de plus est enclin à la flatterie. Cela montre clairement l'intention qui anime les Britanniques, mais qui ne constitue pas pour autant un dol. En effet, il est de bonne guerre, si on peut dire, de connaître les forces et les faiblesses de ses adversaires, et ce qui vaut en tactique militaire s'applique également lors de la conclusion d'un contrat. C'est seulement si le consentement repose sur un mensonge sans lequel l'autre partie n'aurait pas contracté ou si des manœuvres ont été mises en place à des fins de manipulations que le vice peut

[95] FO 371/184528 Z4/172, relatant une conversation entre le Premier ministre britannique Harold Wilson et le Premier ministre mauricien Sir Seewoosagur Ramgoolam à Downing Street

[96] JO Wright, TNA PRO 22 septembre 1965

être constaté. D'autant plus que le Premier ministre mauricien affirmera lui-même à Wilson que l'administration de Diego Garcia par Maurice n'est qu'un « *pur accident historique* » et, à l'instar des déclarations d'un homme politique français au sujet de la Shoah, que la question de Diego Garcia était un « détail » pour l'histoire[97], nous renforçant dans la conviction que cet archipel n'était pas aussi important pour la délégation mauricienne et que de sorte la contrainte ne peut vraiment être constatée.

Section 2 - Le consentement donné par les Chagossiens pour renoncer à leurs droits

Venons-en maintenant à la renonciation de leurs droits par les Chagossiens eux-mêmes. En 1975, un Chagossien du nom de Michel Vencatessen, qui s'est vu contraint de quitter Diego Garcia en 1971, a entamé une action de droit privé contre le gouvernement britannique pour intimidation, voies de fait et emprisonnement injustifié. Échaudés par cette téméraire action en justice, les gouvernements britanniques et mauriciens décidèrent de mettre en place un fonds d'affectation spécial afin d'aider au relogement des Chagossiens à Maurice. Le gouvernement contribua la somme de 4 millions de livres sterling de l'époque, alors que le gouvernement mauricien déboursa un million de livres sterling en termes de terre. La compensation fut offerte en contrepartie que l'action en justice initiée par Michel Vencatessen soit suspendue. Fut alors promulgué le *Ilois Trust Fund Act* de 1982, selon lequel des programmes de relogements étaient institués. Cependant, compte tenu de l'extrême pauvreté des Chagossiens à l'époque, il fut décidé de leur distribuer cette somme directement en espèces sonnantes et trébuchantes.

---

[97] PRO PREM 13/3320, n 60.

Le fonds fut distribué parmi 1344 personnes qui reçurent chacune environ 2,700 livres sterling. Là où le bât blesse toutefois, c'est qu'en échange de cette compensation, les Chagossiens étaient tenus de renoncer à toute action en justice contre le gouvernement britannique. Il est important de souligner que ce à quoi ils renoncèrent, ce ne fut pas leur droit de retour sur leur terre natale, droit que l'on peut considérer comme inaliénable (du moins si l'on se base sur la lettre de la résolution 3236 de l'Assemblée générale des Nations Unies relative au droit au retour des réfugiés palestiniens[98]) mais à une action en justice.

En 2002, les Chagossiens intentèrent une autre action devant la Haute Cour de justice[99] afin de recevoir des compensations et qui repose sur les motifs suivants, à savoir la mauvaise exécution d'un acte légal, l'exil illégal et la tromperie. Selon le juge Ouseley qui entendit l'affaire, étant donné que la grande majorité des Chagossiens avaient accepté une compensation financière qui leur avait été offerte en 1982, ils avaient renoncé à leurs droits d'agir en justice. Ils n'eurent pas plus de chance en appel. La Cour d'appel jugea en effet qu'il n'y a aucune preuve que les ministres britanniques savaient à l'époque que l'*Immigration Ordinance* de 1971 était illégal. De plus, la tromperie n'est pas recevable non plus puisque l'autorité de légiférer pour « *la paix, l'ordre et la bonne gouvernance* » d'une colonie était considérée comme illimitée jusqu'à la décision dans *Bancoult 1.* Qui plus est, il fut décidé concernant le motif d'exil illégal que c'était une action d'ordre public qui était inconnue en droit privé anglais et

---

[98] Qui réaffirme le « *droit inaliénable des Palestiniens de retourner dans leurs foyers et vers leurs biens, d'où ils ont été déplacés et déracinés, et demande leur retour* ». Cette résolution, rappelons-le, n'a pas toutefois de valeur juridique contraignante.

[99] *Chagos Islanders v The Attorney General and another* [2003] EWHC 2222 (QB)

donc n'était pas recevable non plus. De plus, la Cour estima qu'il y avait prescription de l'action en raison de la *Limitation Act* de 1980[100].

On le constate, concernant le détachement volontaire des Chagos, le nœud gordien du problème est la contrainte qu'auraient exercée ou non les Britanniques, d'une part en 1965 sur le Conseil des ministres mauriciens et d'autre part en 1982 auprès des Chagossiens pour qu'ils signent un accord en échange d'une compensation financière.

En droit international, selon une conception qui a prévalu jusqu'à la Première Guerre mondiale, la violence ne vicie pas le consentement donné. Par la suite, un juriste belge du nom de Fernand De Visscher[101] distingue selon le fait que la contrainte ait été exercée contre les représentants de l'État ou contre l'État lui-même ; ce n'est que dans la première hypothèse que la contrainte devrait être analysée comme un vice du consentement.

En effet, selon l'article 51 de la Convention de Vienne « *l'expression du consentement d'un État à être lié par un traité qui a été obtenu par la contrainte exercée sur son représentant au moyen d'actes ou de menaces dirigés contre lui est dépourvue de tout effet juridique.* » Il est exigé un rapport de causalité entre la contrainte et l'acte consenti. Selon le juriste Georges Ténékidès[102], « *la notion de contrainte englobe non seulement les menaces contre la personne même de ce représentant et son intégrité physique, mais encore la menace de porter atteinte à sa réputation, de ruiner sa carrière, en révélant des faits de caractère privé, comme aussi la menace de nuire à un membre de sa famille ou des personnes qui lui sont chères* ». Nous l'avons vu plus haut, pour ce qui est des

---

[100] http://www.legislation.gov.uk/ukpga/1980/58

[101] F. De Visscher, Des traités imposés par la violence, R.D.I.L.C., 1931

[102] G. Tenekides, *Annuaire français de droit international*, volume 20, numéro 20, p. 84, 1974.

Accords de Lancaster, nous ne nous trouvons pas dans ce cas de figure ; cependant, ajoute-t-il « *Il conviendrait d'ajouter que les menaces proférées contre l'existence, l'indépendance politique, ou l'intégrité territoriale du pays dont relève ce représentant devraient être considérées, elles aussi, comme circonstances qui vicient son consentement et dont le caractère illicite est hors de doute* ».

Clairement, c'est ce à quoi on a affaire en l'espèce : les Chagos contre l'indépendance. Cette dernière était conditionnée au détachement de l'archipel et les Britanniques ont suspendu, telle une épée de Damoclès, au-dessus de la tête de la délégation mauricienne, la perspective de se voir refuser l'indépendance s'ils n'agréaient pas à l'excision des Chagos. Au terme de cet argument, on peut considérer le consentement comme vicié ce qui rendrait *de facto* les Accords de Lancaster nuls. Cet argument, comme il a été remarqué plus haut, doit être envisagé à l'aune de l'histoire de Maurice, ce qui nuance fortement sa portée juridique, nuance qui sera accentuée, comme nous le verrons dans la Seconde partie, encore plus. Pour l'heure, il convient de s'atteler à deux problèmes de taille qui surgiraient au cas où les Chagossiens se verraient octroyer un droit au retour : la faisabilité pratique d'un tel retour et les obligations qui lient les Britanniques aux Américains.

B. L'impossibilité pratique d'un retour des Chagossiens

Les Britanniques ont rapidement saisi qu'ils ne pouvaient pas se reposer sur un seul argument pour prévenir tout risque d'un retour des Chagossiens dans leur archipel ; en effet, en bons stratèges, ils ont compris qu'il fallait couper toute possibilité de retraite à l'adversaire et les prendre en tenaille. Ainsi, ils ont décidé de combattre les Chagossiens sur deux flancs : bien entendu, et comme nous l'avons analysé plus haut, il y a l'argument juridique comme quoi le décret en conseil était valide. Mais au cas où cet argument ne tiendrait pas, ils ont également mis en avant deux autres situations qui rendraient quasi-impossible tout retour des Ilois. D'abord, ce sont les conventions qui les lient aux États-Unis. Ensuite, c'est qu'un retour des Chagossiens sur leur terre natale ne serait pas viable et entrainerait des coûts faramineux pour la Couronne.

Section 1 – L'étude de faisabilité

Dans l'éventualité qu'un jour les Chagossiens aient gain de cause et qu'un droit au retour leur soit reconnu, comment cela se passerait-il dans les faits ? C'est là une question épineuse et dont nous retrouvons peu d'exemples dans l'histoire. Le gouvernement britannique prétend qu'un repeuplement (« *resettlement* ») sur une base de pure subsistance serait hautement précaire et engagerait des sommes faramineuses du gouvernement britannique pour une période indéterminée, pour ne pas dire illimitée[103].

Après la décision rendue dans *Bancoult 1*, une étude de faisabilité préliminaire a été entreprise sur la question du repeuplement et publiée par le gouvernement britannique le 20 juin 2000 et une deuxième étude a été rendue publique le 10 juillet 2002[104]. Les deux rapports ont considéré qu'une repopulation des Chagos n'était pas viable à long terme et en conséquence de quoi, le gouvernement britannique a décidé de suspendre toute future étude sur le sujet. Le

---

[103] Selon une déclaration écrite du sous-secrétaire britannique aux affaires étrangères datant du 15 juin 2004.

[104]https://docs.google.com/viewer?a=v&pid=sites&srcid=ZGVmYXVsdGRvbWFpbnx0aGVjaGFnb3NhcmNoaXBlbGFnbzJ8Z3g6MjcyNDdhODZlZmZjNDUyNw

rapport de 2002 a notamment mis en avant le manque d'eau potable sur l'archipel ainsi que l'impact qu'aurait le changement climatique sur ces îles étant donné qu'elles se situent à moins de 2 mètres au-dessus du niveau de la mer. De plus, selon cette étude, la production agricole à but commercial moderne ne serait pas viable, sans compter sur le fait qu'une réinstallation aurait des conséquences négatives sur l'écosystème des Chagos et par répercussion, sur les Chagossiens eux-mêmes.

Les Chagossiens ont eux aussi entrepris une étude de faisabilité indépendante[105] sur leur retour et sans grande surprise, celle-ci concluait qu'un repeuplement était viable. Selon cette étude-ci[106], il n'existe pas de raisons économiques ou environnementales valides qui empêcheraient le repeuplement d'un petit nombre de familles chagossiennes sur les îles de Peros Banhos et de Salomon. Selon les experts de cette étude, le coût initial d'un repeuplement pour les cinq premières années avoisinerait les 25 millions de Livres, qui seraient déboursées des deniers publics. D'après cette étude, la communauté nouvellement installée pourrait bénéficier des revenus générés par la pêche commerciale ainsi que par l'écotourisme. Cette réinstallation, disent les experts, pourrait être soutenue en outre par l'Union européenne à travers le fonds de développement européen. Ce rapport est plutôt idéaliste, puisqu'il penche également pour des relations étroites entre la base de Diego Garcia (qu'ils espèrent leur reviendra un jour) et la population civile qui serait installée sur les autres îles, alors que les Américains

---

[105] Dr J. R. Turner (professeur au C.R.C Sheppard), Major T.A Morris, R. Jones, P. Raines MBE, « *Howell Report: An evaluation of Returning Home. A Proposal for the Resettlement of the Chagos Islands* », juin 2008

[106] http://www.zianet.com/tedmorris/dg/returninghome.pdf

ont déjà fait part de leur inquiétude quant à une possible « infiltration terroriste » si tel était le cas[107].

Cette « bataille d'experts » n'est pas sans rappeler celle qui a cours en ce qui concerne les produits OGM[108] ou concernant les cigarettes électroniques aujourd'hui[109], chaque camp, à coup d'avis d'experts, martelant que leur cause avait l'aval de la communauté scientifique. Alors, qui croire ? Il va sans dire que les Britanniques ont tout intérêt à ce que l'étude révèle qu'un repeuplement à long terme n'est pas envisageable afin de tuer la cause chagossienne dans l'œuf. Mais ce doute qui pèse inéluctablement sur cette étude n'est pas, à lui seul, suffisant pour l'écarter d'un revers de main. D'ailleurs, les mêmes suspicions valent pour ce qui est de l'étude commanditée par les Chagossiens. Et ce d'autant plus que celle-ci s'est faite sans pouvoir se rendre sur les lieux.

Section 2 – Les obligations conventionnelles entre la Grande-Bretagne et les États-Unis

Les Britanniques plaident qu'ils ne peuvent retourner leur archipel aux Chagossiens à cause des obligations conventionnelles qui les lient aux États-Unis. En effet, le 30 décembre 1966, les Britanniques signèrent un traité avec le gouvernement américain[110] afin que le BIOT leur soit cédé pour des raisons militaires pour les deux pays. Selon

---

[107] D'après une lettre de l'assistant secrétaire d'état américain aux affaires politiques et militaires en date du 16 novembre 2004.

[108]http://www.franceculture.fr/emission-du-grain-a-moudre-ogm-bataille-d-experts-qui-devons-nous-croire-2012-09-25

[109]http://www.lefigaro.fr/flash-actu/2013/10/07/97001-20131007FILWWW00352-dix-medecins-favorables-a-l-e-cigarette.php

[110]https://docs.google.com/viewer?a=v&pid=sites&srcid=ZGVmYXVsdGRvbWFpbnx0aGVjaGFnb3NhcmNoaXBlbGFnb2ZhY3RzfGd4OjY0ZTAzZjJkNGM2MTU2YTc

l'accord initial, le BIOT demeurerait sous souveraineté britannique mais serait mis à la disposition des États-Unis pour une période initiale de cinquante ans, mais qui serait automatiquement renouvelée pour vingt années de plus à moins d'un préavis donné par le gouvernement britannique entre 2014 et 2016 comme quoi le bail prendrait fin.

La question qui se pose est la suivante : si tant est que le détachement des Chagos soit initialement vicié, soit parce que le consentement donné par les représentants mauriciens lors des Accords de Lancaster n'était pas « éclairé », soit encore parce que le décret en Conseil ait été « *ultra vires* », cet accord entre les États-Unis et la Grande-Bretagne serait-il, *de facto*, vicié ? Un traité peut-il être valide s'il repose sur un autre traité qui lui est invalide ?

Si les Chagossiens ont gain de cause devant une instance judiciaire, cela aurait comme conséquence de rendre les Accords de Lancaster nuls et par ricochet les conventions conclues entre la Grande-Bretagne et les États-Unis. Ainsi, cela équivaudrait à un « changement fondamental de circonstances ». Ce changement fondamental de circonstances « *vise une modification objective et substantielle des paramètres – économiques, politiques, stratégiques – ayant présidé à la conclusion du traité, de sorte que les conditions d'exécution des obligations conventionnelles deviennent plus onéreuses pour l'une de parties, déséquilibrant les rapports desdites parties. L'on doit normalement admettre le risque d'aléa dans toute convention d'application durable et invoquer alors le principe pacta sunt servanda pour soutenir la continuité d'exécution des engagements.* »[111] De plus, l'article 62 de la Convention de Vienne précise bien qu'un « *changement fondamental de circonstances qui s'est produit par rapport*

[111] M. Salem, *Fasc. 12-7 : VALIDITÉ TEMPORELLE DES TRAITÉS : EXTINCTION ET SUSPENSION*, JurisClasseur Droit international, no. 220, 20 mai 2009.

à celles qui existaient au moment de la conclusion d'un traité et qui n'avait pas été prévu par les parties ne peut pas être invoqué comme motif pour mettre fin au traité ou pour s'en retirer, à moins que l'existence de ces circonstances n'ait constitué une base essentielle du consentement des parties à être liées par le traité et que ce changement n'ait pour effet de transformer radicalement la portée des obligations qui restent à exécuter en vertu du traité. » Ce qui semble bien être le cas ici. Ainsi, on peut subodorer que les obligations liant la Grande-Bretagne et les États-Unis ne sont pas gravées dans le marbre et ont pour vocation à s'appliquer *ad vitam aeternam* mais qu'elles puissent bien être remises en question si tant est que le droit au retour des Chagossiens leur soit accordé, quelle qu'en soit la raison, ou encore que le consentement initial donné par le Conseil des ministres s'en trouvait vicié.

DEUXIÈME PARTIE – L'INAPTITUDE DU DROIT INTERNATIONAL À JUGULER LA REALPOLITIK

Le droit international, en dépit de toute la bonne volonté dont il fait montre, vient souvent malheureusement buter contre la *realpolitik.* Le droit au retour des Chagossiens se voit opposer les intérêts géostratégiques américains dans la région, et la Grande-Bretagne, alliée historique des États-Unis, se voit mal, afin de satisfaire le gouvernement mauricien ainsi que quelques milliers de Chagossiens, mettre en péril leurs relations avec leur puissant allié.

La *realpolitik,* c'est le cynisme appliqué au droit international, et l'histoire foisonne d'exemples allant dans ce sens ; ainsi, Kissinger, qui lors de la guerre du Kippour entre les Israéliens et les Arabes en 1973 était pour le fait de fournir en armement Tsahal[112], a ensuite insisté pour que les Israéliens se retirent ensuite d'une partie du Sinaï afin d'amoindrir les effets de la crise pétrolière qui s'en est suivie[113]. Il en va de même du rapprochement entre le gouvernement Nixon et la Chine de Mao Tse Toung en 1972, et ce en dépit de l'opposition idéologique entre les deux Nations et de la politique d'endiguement[114] prônée par les États-Unis.

Avant de se demander si les Chagossiens possèdent un droit de retour sur leurs terres, il convient d'abord de se demander si un tel droit s'apparente à un droit fondamental, c'est ce que nous verrons dans un premier chapitre. Dans le deuxième, nous nous efforcerons de jauger l'emprise du

---

[112] Qui est l'armée de l'État d'Israël.

[113] Les pays arabes exportateurs de pétrole ayant décidé d'augmenter le prix du baril de 70% et de réduire chaque mois leur production de 5%, et ce jusqu'au retrait des troupes israéliennes.

[114] Dont est à l'origine Harry Truman, 33e président des États-Unis et dont le but est de limiter la sphère d'influence de l'Union Soviétique.

droit international sur le droit interne, notamment en questionnant la notion même de droit international et à mesurer sa part de subjectivité quant à son application.

Chapitre I – Le droit au retour comme droit fondamental

Depuis Ulysse, nous savons que tout exilé aspire à retourner un jour chez lui, à retrouver son Ithaque natale. Les Chagossiens aussi n'ont de cesse de clamer qu'ils veulent retrouver leur archipel d'où ils ont été déracinés. Mais si c'est là une aspiration bien légitime, est-ce pour autant un droit consacré par les textes internationaux ou encore la coutume internationale ?

Les droits fondamentaux sont un véritable serpent de mer. Une marotte que les médias sortent à chaque fois qu'il est question de peuples du tiers-monde. Il convient d'essayer d'appréhender exactement ce que cette expression comprend pour juger si le droit au retour y est assimilable. Les droits fondamentaux se rapprochent de ce que les latinistes appellent le *jus naturale*, le droit naturel. Un droit inhérent à la qualité d'être humain, un droit inaliénable, et qui vaut en tout temps et en tout lieu[115].

Quand on parle de « droit au retour », on pense souvent au droit au retour des réfugiés palestiniens qui ont dû quitter leurs terres suite à la Guerre israélo-arabe de 1948. Les questions soulevées quant à un possible droit au retour dans cette espèce peuvent nous aider à mieux appréhender la problématique chagossienne. Selon l'article 13 de la Déclaration universelle des droits de l'homme « *toute personne a le droit de quitter tout pays, y compris le sien, et de revenir dans son pays.* » Une résolution votée par l'Assemblée générale des Nations Unies en 1948[116] déclare « *qu'il y a lieu de permettre aux réfugiés qui le désirent, de rentrer dans leurs foyers le plus tôt possible et de vivre en paix avec leurs voisins, et que des indemnités doivent être payées à titre de compensation pour les biens de ceux qui*

[115] C. Denizeau, *Droit des libertés fondamentales*, Vuibert, 2014

[116] Résolution 194 (III) de l'Assemblée générale du 11 décembre 1948.

décident de ne pas rentrer dans leurs foyers et pour tout bien perdu ou endommagé lorsque, en vertu des principes du droit international ou en équité, cette perte ou ce dommage doit être réparé par les gouvernements ou autorités responsables »[117].

Une Commission de conciliation des Nations Unies pour la Palestine chargée d'assumer, dans la mesure du nécessaire, les fonctions assignées au médiateur des Nations Unies avait été prévue dans cette résolution. Elle reçut pour mandat d'aider les parties intéressées à parvenir à un règlement final sur toutes les questions en suspens et de faciliter le rapatriement, la réinstallation et le relèvement économique et social des réfugiés. La Commission essaya d'obtenir le retour des Palestiniens ainsi que d'établir un régime international pour Jérusalem, mais cela se solda par un échec. Israël, tout naturellement, y était contre afin de s'assurer qu'il y ait une majorité juive sur ses terres, dont la législation permet le « droit au retour » pour tout Juif[118], mais qui se refuse à l'appliquer pour les Palestiniens. Cette politique persiste jusqu'à nos jours[119].

L'ONU a créé en 1965 le Comité pour l'élimination de la discrimination raciale[120] dont le but est « *d'examiner les mesures prises par les États pour s'acquitter des obligations contractées par eux en vertu d'un accord particulier relatif aux droits de l'homme* ». D'après ce comité, de telles mesures ne s'appliquent pas « *seulement à ceux qui ont été directement expulsés de leur pays et leur famille proche mais aussi à leurs descendants, si ceux-ci*

[117]http://www.un.org/fr/documents/view_doc.asp?symbol=A/RES/194%28III%29

[118] http://www.knesset.gov.il/laws/special/eng/return.htm

[119]http://www.french.xinhuanet.com/french/2007-05/08/content_425630.htm

[120] Ce Comité a été établi par l'article 8 de la Convention internationale sur l'élimination de toutes les formes de discrimination raciale. Le Comité se réunit deux fois par année à Genève.

ont maintenu ce que le Comité des droits de l'homme appelle des liens intimes et durables avec la région ». De plus, l'article 12 (4) du Pacte international relatif aux droits civils et politiques dispose que « *Nul ne peut être arbitrairement privé du droit d'entrer dans son propre pays.* »

Le problème avec la notion de droit au retour c'est de savoir à qui il s'applique et jusqu'à quel laps de temps doit-on remonter pour pouvoir s'en prévaloir, c'est-à-dire, jusqu'à quelles générations a-t-on le droit de le revendiquer. Si on appliquait un tel droit au retour de manière automatique, cela aurait pour conséquence de bousculer toutes les frontières établies, de modifier la démographie d'un pays ainsi que sa culture. Ainsi, si on pousse la logique jusqu'au bout, les musulmans expulsés d'Espagne par un décret du roi Philippe III le 22 septembre 1609 pourraient se targuer d'un droit de retour en Espagne.

Ainsi, le concept de droit au retour est une boite de pandore dont on ne peut prédire ce qui va en sortir si jamais un tel droit était appliqué de manière indistincte. Pour autant, le refuser complètement, ce serait également faire le lit de nombreuses injustices. C'est pourquoi nous nous attarderons sur certains principes qui régissent ce sujet, comme les principes de Pinheiro ainsi que sur celui d'*Uti possidetis juris*, à même de permettre aux Chagossiens de retourner sur leur archipel natal, et nous verrons ensuite comment le fait de les reconnaître comme peuple autochtone pourrait leur permettre d'atteindre un tel but.

A. Les principes de Pinheiro

Depuis quelques décennies déjà, plusieurs groupes qui ont été déplacés, originaires de régions en conflits armés, tels la Bosnie-Herzégovine, le Kosovo, le Tadjikistan, ou encore l'Afrique du Sud, se sont vu reconnus le droit qu'on leur restitue leurs habitations. Paulo Sérgio Pinheiro, un diplomate et juriste brésilien, a soumis à la Sous-Commission de la promotion et de la protection des droits de l'homme un rapport énonçant les Principes[121] concernant la restitution des logements et des biens dans le cas des réfugiés et des personnes déplacées[122]. Selon l'article 2.1 de ce document « *tous les réfugiés et personnes déplacées ont le droit de se voir restituer tout logement, terre et/ou bien dont ils ont été privés arbitrairement ou illégalement, ou de recevoir une compensation pour tout logement, terre et/ou bien qu'il est matériellement impossible de leur restituer, comme établi par un tribunal indépendant et impartial.* »

Ces principes ont l'avantage de rassembler sous un même chapeau les éléments juridiques, politiques, procéduraux, institutionnels et techniques concernant la mise en œuvre de la restitution des logements et des biens. Existe ainsi un outil pour définir des politiques visant à garantir la mise en œuvre du droit à restitution des logements et des biens et à faire appliquer les lois, les programmes et les politiques sur la restitution tout en respectant les principes en vigueur dans le domaine du droit international des droits de l'homme, du droit humanitaire et du droit des réfugiés, ainsi que le droit national en vigueur.

Ces principes s'appliquent aux circonstances dans lesquelles le déplacement a résulté dans la privation « arbitraire » ou « illégale » des personnes de leur logement, de leurs terres et de leurs biens ou de leur lieu de résidence habituelle. Ainsi, cette norme s'applique d'abord et surtout à tous les réfugiés ou personnes déplacées qui ont été forcés de quitter ou de fuir « *leur logement, leurs biens ou leurs terres ou leur lieu de résidence habituelle, quelles que*

---

[121] Adoptés par la Sous-Commission de la promotion et de la protection des droits de l'homme des Nations Unies le 11 août 2005.

[122] http://www.humanitarianresponse.info/fr/system/files/documents/files/UN_Principles_Housing_2005_FR.pdf

soient les circonstances qui ont donné initialement naissance au déplacement ». Ils sont également de mise dans tous les cas de déplacement involontaire causé par un conflit armé interne ou international, par des violations flagrantes des droits de l'homme comme le « nettoyage ethnique », par des projets de développement, des expulsions forcées et des catastrophes d'origine naturelle ou humaine. À chaque fois qu'une personne ou une communauté est arbitrairement déplacée de son logement et de ses terres, les Principes Pinheiro peuvent être appliqués. En substance donc, tous les réfugiés ou les personnes déplacées reconnus comme tels par la communauté internationale doivent être protégés par ces Principes.

Les Principes ne distinguent pas entre différentes catégories de personnes déplacées pour définir leurs droits à restitution. L'avantage qui en découle c'est que la notion de déplacement peut être entendue de manière plus large que l'expression « *les réfugiés et les personnes déplacées à l'intérieur de leur propre pays* ». L'expression « réfugiés et personnes déplacées » utilisée par les Principes est plus simple et plus extensive. Cette terminologie est nettement plus adéquate puisqu'elle confère des droits à restitution à un groupe plus large de détenteurs de droits. Ainsi, trois catégories de personnes peuvent y prétendre : les réfugiés, les personnes déplacées à l'intérieur de leur propre pays (y compris à la suite de catastrophes) et les personnes déplacées ayant traversé les frontières nationales, mais qui ne sont pas des réfugiés.

La question qui se pose est de savoir si les Chagossiens peuvent se prévaloir de tels principes. Étant donné que ces principes ont vocation à s'appliquer à tous les groupes de réfugiés et de personnes déplacées qui n'ont pas librement consenti à leur rapatriement ou à leur retour en tant que solution durable, ou qui ne peuvent pas rentrer pour des raisons politiques, ou en raison d'un conflit, de préoccupations sécuritaires ou pour d'autres raisons, il semble bien que les Chagossiens qui ont été forcés à l'exil puissent s'y référer. Le problème réside dans l'expression même des principes de Pinheiro ; en effet, il s'agit là uniquement de principes, et qui ne sont donc pas juridiquement contraignants en soi. Ils n'ont pas le même statut juridique qu'un traité ou même qu'une décision de justice d'une instance internationale qui les consacrerait explicitement. De plus, c'est à l'État responsable du déplacement en question de garantir la mise en œuvre de ces principes, et nous avons vu que la Grande-Bretagne persiste et signe dans leur volonté de ne pas rendre leur archipel aux Chagossiens.

Il convient cependant de rappeler que les Principes de restitution ne s'appliquent pas lorsque les déplacés élisent, de leur plein gré, des solutions fondées sur une indemnisation, reconnaissant du coup que ce choix met fin à la procédure de restitution pour ce qui les concerne et qu'ils ne pourront plus former de demande de restitution des logements et des biens, ce qui fut le cas pour les Chagossiens, comme nous l'avons montré dans la Première partie.

Mais ces principes peuvent poser un cadre intellectuel, mais aussi moral, qui pourrait peser dans la balance lors d'un prochain procès que les Chagossiens ne manqueront sans doute pas d'intenter à la Grande-Bretagne. Et dans l'éventualité où une instance judiciaire leur donnerait raison, et que la Grande-Bretagne et les États-Unis seraient prêts à accepter une telle décision, ces principes peuvent servir de guide à la restitution des terres des Chagossiens.

Section 1 – *Uti possidetis juris*

Selon P. Reuter « *le territoire définit l'être même des États (...) de ce fait on peut présumer qu'ils ont conventionnellement exclu la prise en considération d'un changement de circonstances* »[123]. Le principe de l'*uti possidetis juris* remonte à la convention de Vienne sur le droit des traités de 1969[124] et veut que nonobstant les conditions imposées par un traité, les États nouvellement indépendants conservent la frontière qui était la leur. Ce principe a reçu la consécration de la CIJ[125] qui la définit ainsi : « *Le principe de l'intangibilité des frontières vise avant tout à assurer le respect des limites territoriales d'un État au moment de son indépendance. Si ces limites n'étaient que des limites entre divisions administratives relevant initialement de la même souveraineté, l'application du principe uti possidetis emporte leur transposition en frontières internationales proprement dites.* »[126]

Ce principe se retrouve également dans la Charte de l'Organisation de l'unité africaine, à l'article 3(3) dans lequel les États membres affirment solennellement le « *respect de la souveraineté et de l'intégrité territoriale de chaque État et de son droit inaliénable à une existence indépendante* ».

Néanmoins, ce principe ne vaut plus si les États dont les frontières doivent être modifiées ont donné leur accord, comme il fut dit lors de la Commission d'arbitrage pour la paix en Yougoslavie[127] présidé par Robert Badinter dans

---

[123] P. Reuter, *Introduction au droit des traités*, 2e éd., p. 155, n° 273

[124] R. Mehdi, J. Sorel, Annuaire français de droit international, 1994, Volume 40, Numéro 40, pp. 11-40

[125] Burkina Faso c. République du Mali, ordonnance du 9 avril 1987

[126] http://www.icj-cij.org/docket/files/69/6445.pdf

[127] http://ejil.org/pdfs/3/1/1175.pdf

une opinion du 11 janvier 1992. Et nous l'avons vu, le Conseil des ministres mauriciens a bien donné son accord en 1965 pour le détachement des Chagos.

De plus, le problème « intellectuel » avec la notion même de l'intangibilité des frontières, c'est qu'elle « essentialise », si on peut dire, l'État. Il existerait une essence originelle de la frontière que l'on ne pourrait remettre en question. Que ce serait là un « *ding an sich* » pour parler comme Kant[128], une chose en soi, qui existerait *ante res* et non *post res*. En matière de frontières, il faudrait plutôt avoir recours au nominalisme[129] plutôt qu'à l'universalisme, le premier postulant que rien n'existe sinon ce qu'un individu désigne. Ce serait prendre en compte la nature de l'évolution des frontières au fil de l'histoire.

Toutefois, le côté purement théorique mis à part, il est vrai que sur un plan pragmatique, ce principe promeut la stabilité et l'ordre, aussi bien international que régional. Dans le contexte mauricien, la question se pose de savoir s'il y avait des frontières qui existaient antérieurement à la colonisation britannique. La réponse flirte avec la négative, étant donné qu'il n'est même pas opportun de parler de « colonisation », comme il a été montré dans la première partie. En effet, les Français déclarèrent leur souveraineté sur l'archipel vers la fin du XVIIIe siècle. Durant cette période, le gouvernement colonial français donna à bail des terres à des compagnies franco-mauriciennes pour le développement de la plantation de coco dans les Chagos, c'est alors que des esclaves furent amenés sur l'Ile pour y travailler ; avec la victoire britannique sur les Français et le traité de Paris de 1814, la souveraineté sur l'archipel fut cédée au Royaume-Uni. De plus, les Chagos n'appartenaient pas à Maurice mais étaient seulement

---

[128] E. Kant, *Critique de la raison pure*, Flammarion, 2006

[129] J. Verger, *Nominalisme in Dictionnaire encyclopédique du Moyen âge*, p. 1081, Cerf, 1997

« administrés » depuis l'île. Ainsi, il semble bien que le principe de *uti possidetis juris* ne trouve pas à s'appliquer en l'espèce.

Section 2 – L'article 73 de la Charte des Nations Unies

Selon l'article 73 de la Charte des Nations Unies, « *les Membres des Nations Unies qui ont ou qui assument la responsabilité d'administrer des territoires dont les populations ne s'administrent pas encore complètement elles-mêmes reconnaissent le principe de la primauté des intérêts des habitants de ces territoires. Ils acceptent comme une mission sacrée l'obligation de favoriser dans toute la mesure possible leur prospérité, dans le cadre du système de paix et de sécurité internationales établi par la présente Charte et, à cette fin (...) de développer leur capacité de s'administrer elles-mêmes, de tenir compte des aspirations politiques des populations et de les aider dans le développement progressif de leurs libres institutions politiques, dans la mesure appropriée aux conditions particulières de chaque territoire et de ses populations et à leurs degrés variables de développement* ».

Cet article a longtemps été le principal outil juridique dont disposait l'ONU pour combattre le colonialisme. D'ailleurs, Lord Hoffmann ne s'y est pas trompé quand il observa dans la décision rendue dans *Bancoult 2* que « *l'on peut prétendre que le Royaume-Uni est sujet à un devoir sacré sous l'article 73 des Nations Unies.* » L'application de cet article est sujette au fait que les populations qui s'en prévalent soient originaires d'un territoire qui ne s'administre pas lui-même. Pour écarter l'application de l'article 73, le gouvernement britannique met en avant le fait que les habitants de ces territoires n'ont jamais constitué une population permanente et que donc ils ne peuvent opposer l'article 73. C'est ce que nous allons maintenant examiner, à savoir si ou non les Chagossiens constituent un peuple à même de demander l'application de l'article 73 de la Charte des Nations Unies.

B. La notion d'indigénéité en droit international

Le site de la CIA précise qu'il n'existe pas de population autochtone au sein du BIOT, et que les personnes qui furent déplacées dans les années soixante et soixante-dix furent des agriculteurs qui « résidaient » sur l'archipel[130]. Étant donné le parti pris des Américains dans l'affaire chagossienne, cette affirmation, quand bien même elle provient d'une source officielle, doit être prise avec beaucoup de précautions. Il est en effet dans l'intérêt des États-Unis que les Chagossiens ne puissent pas constituer un peuple en tant que tel, sans quoi, comme nous l'avons vu plus haut, ils pourraient prétendre aux garanties fournies par l'article 73 de la Charte des Nations Unies. Le verbe « résider » utilisé par la CIA est très révélateur ; il révèle une certaine précarité, ce qui est antinomique de populations autochtones.

La notion même de « population autochtone » est toutefois très ambiguë. En effet, l'histoire humaine est faite de migrations et peu de peuples ont « toujours » habité leurs régions. Si on prend l'exemple des États-Unis, les Irlandais ont commencé à y immigrer massivement, dès la moitié du XIXe siècle[131]. Cela fait donc près de deux cents ans qu'ils y sont. Et pourtant, les vraies populations autochtones de l'Amérique, ou plutôt des Amériques, sont ceux que l'on qualifie habituellement d'« Amérindiens ». Mais qui eux aussi y ont « émigré », pour ainsi dire, par le détroit de

---

[130]https://www.cia.gov/library/publications/the-world-factbook/geos/io.html

[131]http://www.guide-irlande.com/culture/histoire-irlandaise/conflit-britannico-irlandais/emigration-irlandaise-etats-unis/

Béring, il y a environ 40 000 ans[132]. Quels critères doivent donc être retenus pour qualifier un peuple d'autochtone ? Est-ce un critère de temps, de premier arrivé ? Et le droit international s'est-il prononcé sur la question ? C'est ce que nous allons maintenant essayer d'apprécier.

Section 1 – La Déclaration sur les droits des peuples autochtones

Cette déclaration a été adoptée par l'Assemblée générale des Nations Unies en septembre 2007 à la majorité de 143 voix contre 4[133]. Elle assure notamment que les peuples autochtones ont le droit à l'autodétermination interne et qu'en vertu de ce droit ils déterminent librement leur statut politique et recherchent librement leur développement économique, social et culturel. Elle dispose en outre que les peuples autochtones ne peuvent être expulsés de leur terre et qu'ils ont droit aux ressources naturelles situées sur celle-ci. Elle est fondée sur des principes d'égalité, de partenariat, de bonne volonté et de respect mutuel et traite de questions comme la culture, l'identité, la langue, la santé et l'éducation et fournit aux États, aux Nations Unies et à d'autres organisations internationales des lignes directrices sur l'entretien de relations harmonieuses et coopératives avec les peuples autochtones. La Déclaration devient la référence des Nations Unies pour le respect des droits des peuples indigènes et permet d'évaluer l'attitude des États envers les peuples indigènes, mais n'est pas toutefois pas hélas dotée d'effet contraignant en droit international, ce qui en limite largement la portée.

---

132 J. Rabasa, *L'invention de l'Amérique. Historiographie espagnole et formation de l'eurocentrisme*, Editions L'Harmattan, 2003

133 Les États-Unis, le Canada, l'Australie et la Nouvelle-Zélande s'y sont opposés.

Plusieurs pays ont eu des attitudes ambiguës vis-à-vis de cette déclaration. Il en va ainsi de l'Australie qui s'était opposée à la Déclaration lors du vote de l'Assemblée générale de 2007, mais qui depuis l'a endossé en 2009[134]. Il en va de même pour le Canada ; le gouvernement canadien avait déclaré qu'il soutenait « l'esprit » de la déclaration mais que celle-ci contenait des éléments qui étaient « *fondamentalement incompatibles avec la Constitution-cadre du Canada* », qui comprend à la fois la Charte des droits et libertés et l'article 35, qui consacre les droits des aborigènes et issus de traités. En particulier, le gouvernement canadien se montra réticent quant à l'article 19, qui semble exiger des gouvernements d'obtenir le consentement des peuples autochtones sur les questions de politique publique générale, et les articles 26 et 28, qui pourraient permettre la réouverture ou la répudiation des revendications territoriales réglées historiquement[135].

La question qui est donc de rigueur est de savoir si les Chagossiens peuvent se prévaloir de cette déclaration. Nous allons donc maintenant voir quels sont les critères pour juger si un peuple peut être qualifié d'autochtone.

Section 2 – Critères pour définir ce qu'est un peuple autochtone

Pour que L'Assemblée générale des Nations Unies reconnaisse que le BIOT constitue un territoire non autonome, encore faut-il démontrer qu'il possède un statut indépendamment de la colonie que fut Maurice. Le fait que les Chagos disposaient d'une population permanente et que celle-ci continua à résider sur l'archipel jusqu'en 1975, soit

---

[134]http://www.un.org/apps/news/story.asp?NewsID=30382#.VWYtSNZbyRs

[135]http://www.canada.com/nationalpost/news/story.html?id=eec0b550-e95a-492b-8801-6ede20a2d35e

sept ans après l'indépendance de Maurice, constitue un faisceau d'indices pour montrer que ce peuple aurait droit à l'autodétermination tel que contenue sous le chapitre XI de la charte des Nations Unies et en vertu de la déclaration sur les relations amicales qui dispose que ce droit a acquis la force du droit international coutumier en 1970. Dans l'affaire du Sahara occidental de 1975 que nous verrons plus en détail plus loin, la CIJ observa que le droit d'autodétermination ne s'appliquait que dans les cas où un territoire non-autonome abritait un « peuple ». Ce droit ne s'applique pas aux « minorités » qui, elles, ne peuvent se prévaloir que de droits culturels en vertu du Pacte international relatif aux droits civils et politiques de 1966[136].

Le droit international, jusqu'ici cependant, n'a jamais élaboré de critères stricts qui permettraient de dire si oui ou non on est en présence d'un peuple. Cela se comprend assez aisément, étant donné que si un tel critère existait, alors, ce sont les fondements mêmes d'un État qui pourrait s'en trouver sapés[137], puisqu'alors tout peuple ainsi reconnu pourrait prétendre à l'autodétermination, ce qui pourrait alors amener à un démembrement de l'État où il se trouve. Pour que les Chagossiens puissent revendiquer le droit à l'autodétermination, il faut établir qu'ils constituent un peuple séparé plutôt qu'une minorité au sein de la population mauricienne. Ce qui n'est pas une mince affaire, puisque le gouvernement mauricien lui-même prétend que

---

[136] Son article 27 dispose notamment que « *Dans les Etats où il existe des minorités ethniques, religieuses ou linguistiques, les personnes appartenant à ces minorités ne peuvent être privées du droit d'avoir, en commun avec les autres membres de leur groupe, leur propre vie culturelle, de professer et de pratiquer leur propre religion, ou d'employer leur propre langue.* »

[137] P. Thornberry, *International Law and the Rights of Minorities*, Oxford Clarendon Press, 1991.

les Chagossiens constituent une « minorité » et non un peuple à part entière[138].

On a vu dans la première partie les revendications mauriciennes sur les Chagos et conclu qu'elles avaient peu de chance d'aboutir, et que ce faisant, il était peu probable que les Chagossiens puissent retourner sur leur archipel. Cependant, si les Ilois arrivaient à démontrer qu'ils constituent un peuple en soi, alors, ils pourraient prétendre à l'autodétermination et ainsi rendre les accords de Lancaster conclus entre le conseil des ministres mauriciens et le gouvernement britannique nuls et non avenus. Ainsi, la question qui se dégage en filigrane est celle-ci : les Chagossiens constituent-ils un peuple que l'on peut qualifier d'autochtone ?

Le fait est que les Chagossiens ont développé une culture qui leur est propre, et ce sur cinq générations, sur une des îles coupées du monde extérieur. De plus, il existait en leur sein une conscience partagée et une solidarité commune et qui continue à perdurer, et à être accentuée, par la suite, après leur exil. Ils manifestent tous également un attachement commun à leurs îles d'origines[139]. Cet attachement se manifeste aussi sémantiquement ; en effet, le terme qu'ils utilisent pour exprimer leur condition est celui de « déraciné », ce qui dénote deux choses, d'une part qu'ils se considèrent originaires de ces îles, et que d'autre part, qu'ils voient en leur exil un acte violent, tel un arbre qu'on aurait déraciné[140]. Et ce d'autant plus qu'ils ne peuvent aller se recueillir sur la tombe de leurs parents qui se trouvent sur leur archipel. Ils ont aussi développé un

---

[138] Déclaration faite à la 17ème session du groupe de travail de l'ONU sur les populations indigènes le 12 octobre 1999.

[139] D. Vine, *The Impoverishment of Displacement: Models for documenting Human Rights Abuses and the People of Diego Garcia*, Human Rights Brief, pp. 21, 23, 2006.

[140]http://digitalcommons.wcl.american.edu/cgi/viewcontent.cgi?article=1259&context=hrbrief, note de bas de page 2.

dialecte qui leur est propre et qui n'est pas totalement assimilable au créole mauricien.

Cependant, on doit confronter ces données à d'autres. D'abord, le nombre limité de Chagossiens ; en effet, au début du XXe siècle, ils n'étaient qu'environ mille personnes sur l'archipel, soit 426 familles[141]. De plus, il faut prendre en compte qu'ils n'ont pas tous la même origine. Environ 60 pour cent d'entre eux sont d'origine africaine et malgache alors que les 40 pour cent restants sont originaires d'Inde, descendants des laboureurs amenés sur l'archipel après l'abolition de l'esclavage.

Dans un rapport des Nations Unies[142], les peuples autochtones sont ainsi définis : « *Les communautés, peuples et nations autochtones sont ceux qui, ayant une continuité historique avec les sociétés précoloniales qui se sont développées sur leurs territoires, se considèrent comme distincts des autres secteurs des sociétés qui dominent à présent sur leurs territoires ou parties d'entre eux. Ils forment aujourd'hui des secteurs non dominants de la société et sont déterminés à préserver, développer et transmettre aux générations futures leurs territoires ancestraux et leur identité ethnique, comme la base de leur existence en tant que peuples, conformément à leurs propres modèles culturels, institutions sociales et système juridique.* »

Selon cette définition, nous ne pensons pas que les Chagossiens forment ce que l'on peut qualifier un « peuple autochtone ». Ils n'étaient pas les premiers habitants des Chagos, les Français s'y étant installés antérieurement à eux (il n'y a donc jamais eu de société précoloniale aux Chagos, ni à Maurice d'ailleurs). En dépit du fait qu'ils aient un

---

[141] J. Madeley, *Diego Garcia: A contrast to the Falklands Islands*, Report No 54, London Minority Rights Group, 1982.

[142] R. Martinez-Cobo, *Study of the Problem of Discrimination against Indigenous Populations*, 1986

dialecte créole qui diffère légèrement du créole pratiqué à Maurice et que leur modèle de société était proche du modèle tribal, cela n'est pas suffisant pour prétendre au statut de peuple autochtone.

Chapitre II – Le droit international est-il une vue de l'esprit ?

La formule de De Gaulle pour désigner l'ONU, comme étant « le machin », est passée à la postérité[143]. Mais faut-il y voir plus qu'un signe de provocation de la part d'un chef d'État qui ne supportait plus les remontrances de l'ONU sur la politique colonialiste de la France depuis les années 50 ? Cela doit-il nous amener à nous interroger sur la légitimité même d'un organe tel que l'ONU en particulier et sur le droit international en général ? Car, légion sont les résolutions de l'ONU qui sont restées lettre morte. Ainsi en est-il par exemple de la Résolution 1723 de l'Assemblée générale des Nations unies du 20 décembre 1961 qui réaffirme le droit du Tibet à l'autodétermination[144]. Il en va de même pour la résolution de l'Assemblée générale sur la question des Chagos, en 1965, dans laquelle elle note « *avec une profonde préoccupation que toute mesure prise par le pouvoir administratif de détacher certaines îles du territoire de l'île Maurice dans le but d'établir une base militaire serait en contravention de la Déclaration et en particulier le paragraphe 6* » et elle « *invite la puissance administrante à ne prendre aucune mesure de nature à démembrer le territoire de l'île Maurice et de violer l'intégrité territoriale* »[145]. Mais comme les événements le montreront, ce seront là des vœux pieux, que la Grande-Bretagne n'aura cure de respecter.

Nous avons examiné dans la première partie la question de savoir si les Chagossiens possèdent, au vu du droit international, un droit au retour sur leur archipel. Dans ce

---

[143] Qu'il prononça à Nantes le 10 septembre 1960 à propos du Congo.

[144] http://www.tibetjustice.org/materials/un/un5.html

[145] http://daccess-dds-ny.un.org/doc/RESOLUTION/GEN/NR0/218/29/IMG/NR021829.pdf?OpenElement

chapitre-ci, nous nous efforcerons d'examiner si le fait qu'un tel droit leur soit reconnu par le droit international, celui-ci a-t-il les moyens, voire la volonté, de le leur appliquer.

Car, contrairement au droit interne, où l'État possède les pouvoirs coercitifs nécessaires afin de faire respecter l'ordre et la loi sur son territoire, le droit international, lui, est dépossédé de ces atouts. Certes, depuis 1919 il a existé une Société des Nations[146], qui sera remplacée en 1945 par l'Organisation des Nations Unies. Certes, depuis 1945 il existe une Cour internationale de justice (CIJ), et qui a remplacé la défunte Cour permanente de justice internationale (CPJI). Certes encore, la Cour pénale internationale (CPI) a vu le jour en en 2002 et dont la mission est de juger les personnes accusées de génocide, de crime contre l'humanité, de crime d'agression et de crime de guerre. Mais toutes ces institutions démontrent-elles qu'il existe un droit international ? Un droit à même de réguler le comportement des États, et non seulement d'émettre des recommandations sur la conduite à tenir ? Un droit qui aurait l'assentiment de tous les États ? Et enfin, et surtout, un droit qui traiterait tous les États de manière similaire ?

Dans un État de droit, tous les citoyens sont soumis aux mêmes règles, se voient appliquer les mêmes droits, et conférer les mêmes obligations : on ne peut interdire à une personne de voler les pommes de son voisin et le permettre à une autre sous prétexte que cette dernière appartiendrait à une riche et importante famille.

Si on prend l'exemple du Conseil de Sécurité de l'ONU, cinq États y siègent comme membres permanents, et il se trouve, comme par « hasard », que ces cinq pays sont dotés de l'arme atomique, à savoir les États-Unis, la Russie, la

---

[146] Qui naquit à l'initiative du président des États-Unis Woodrow Wilson.

France, la Grande-Bretagne et la Chine. Et ces cinq États possèdent un droit de véto à même de paralyser toutes les résolutions qu'émettrait cet organe. On l'a constaté durant la Guerre froide où la Russie faisait immanquablement usage de ce droit à chaque fois que des pays communistes étaient impliqués. Ainsi, au 13 juillet 2006, elle a usé et abusé de ce droit pas moins de 122 fois[147].

La physionomie du Conseil de Sécurité s'explique par le cours historique des choses. L'histoire est écrite par les vainqueurs a-t-on coutume de dire. Au sortir de la Seconde Guerre mondiale, les vainqueurs ont imposé leur ordre juridique aux autres nations. Qui plus est, ce sont les cinq pays qui composent le Conseil de Sécurité qui sont le plus souvent appelés à intervenir à l'étranger lors des missions de maintien de la paix, et supportent ainsi un coût en vies humaines mais aussi en dépenses militaires supérieur aux autres nations, et il n'est donc pas si illogique qu'ils aient un droit supérieur à d'autres pays qui sont dans une position davantage attentiste. Toutefois, pour une société internationale plus égalitaire, cet état des choses ne peut demeurer plus longtemps. C'est pourquoi certaines voix s'élèvent pour réformer l'organigramme du Conseil de Sécurité, tant en ce qui concerne les membres qui le composent que s'agissant du droit de véto. Ainsi, la France soutient-elle la candidature de l'Inde[148] et de l'Allemagne au poste de membres permanents. Cela va sans dire que l'idée de voir l'Inde siéger de manière permanente a pour effet de braquer les Pakistanais, qui sont dans une guerre larvée avec les Indiens depuis la partition entre les deux pays en 1947. Quant à la candidature de l'Allemagne, elle

[147]https://www.globalpolicy.org/component/content/article/102/40069.html

[148]http://www.francetvinfo.fr/monde/asie/hollande-soutient-l-inde-pour-un-siege-de-membre-permanent-au-conseil-de-securite_250433.html

a aussi le don de susciter des jalousies chez d'autres pays européens qui ambitionnent eux aussi à pouvoir siéger de manière permanente au Conseil de Sécurité.

Trop souvent le Conseil de Sécurité a été accusé, à tort ou à raison, d'être du côté du plus fort. La même critique a pu être formulée à l'encontre de la Cour Pénale internationale. Entrée en vigueur le 1er juillet 2002, elle n'a poursuivi jusqu'à ce jour que des ressortissants africains, originaires de l'Ouganda, la République démocratique du Congo, la République de Centrafrique, le Darfour, la République du Kenya, la Libye et la Côte d'Ivoire. Si on ne peut que saluer une telle initiative et qu'on ne peut dénier les motifs de poursuites à l'égard de ces personnes, le choix restreint des pays qui se sont vus poursuivis laisse dubitatif. Cela s'explique d'une part par le fait que de nombreux pays ont refusé de ratifier le traité de Rome, et parmi, non des moindres, et notamment trois nations siégeant comme membres permanents au Conseil de Sécurité, à savoir les États-Unis, la Russie et la Chine. D'autre part, cela s'explique également par le fait qu'elle n'est pas habilitée à poursuivre de manière rétroactive les individus pour des faits commis avant l'entrée en vigueur du Statut de Rome. Ainsi, échapperont à l'ire du droit pénal international les soldats ayant commis des exactions au Vietnam, en Algérie et ainsi de suite.

Un droit qui aurait pour vocation à s'appliquer à certains et non à d'autres n'a d'international que le nom. La Cour internationale de justice, elle non plus, n'est pas en reste quant au deux poids deux mesures. Par exemple, dans l'affaire du Sahara occidental[149], elle a considéré que les habitants des territoires non-autonomes ne constituent pas nécessairement un peuple eu égard au droit à l'autodétermination et reconnu qu'un traitement différencié était alors envisageable, et cela en dépit du fait que dans

---

[149] Avis consultatif du 16 octobre 1975

l'affaire de la Namibie[150], elle a affirmé que les développements qu'a connus le droit international avaient rendu le principe de l'autodétermination applicable à « tous » les territoires non-autonomes.

S'agissant de la question chagossienne cependant, l'ONU a bien fait comprendre que le détachement de cet archipel irait à l'encontre du droit d'autodétermination ; les mots qu'elle a utilisés dans sa résolution cependant sont mesurés, si mesurés que dans la pratique, elle n'exige rien de la Grande-Bretagne, mais tout simplement « l'invite ». Et quand bien même elle aurait fait usage de l'impératif dans l'énoncé de sa résolution, comment s'y serait-elle prise pour contraindre les Britanniques à ne pas détacher les Chagos de Maurice ? Elle ne possède aucun pouvoir coercitif en tant que tel et les deux principaux concernés, la Grande-Bretagne et les États-Unis sont membres permanents du Conseil de Sécurité et pourraient opposer leur droit de véto si une résolution était assez téméraire pour aller dans ce sens.

De plus, si jamais une cour de justice décrétait que les Chagos devaient êtres retournés à Maurice ou bien même que les Chagossiens constituent un peuple à part entière et qui pourraient ainsi prétendre à l'autodétermination, qui se chargerait de contraindre les Britanniques à retourner cet archipel et aux Américains à plier bagage ? Il faudrait alors compter sur la bonne volonté de ces deux nations de le faire de leur plein gré. Ce qui est loin d'être acquis, pour les raisons que nous allons maintenant examiner.

---

[150] Avis consultatif du 21 juin 1971

A. Intérêts géostratégiques de Diego Garcia

Ce serait aller trop loin que d'affirmer que le droit international n'existe pas sous le seul prétexte qu'il ne soit pas parfait ; de plus, ce serait ne pas reconnaître tous les efforts entrepris ces dernières années, notamment par les Nations-Unies et la CPI. Cette dernière, même si de par sa nature, beaucoup de crimes internationaux restent et resteront impunis tant que tous les États n'auront pas ratifié le Statut de Rome, a au moins le mérite de donner à réfléchir à certains dictateurs ou autres criminels de guerre, et si cette Cour peut ne serait-ce qu'empêcher un conflit, ce sera déjà cela de gagné. Cependant, nous devons prendre garde à ne pas tomber dans un certain angélisme vis-à-vis des institutions, et si on reconnaît qu'elles ont le mérite d'exister, on doit également prendre acte qu'elles ne font pas le poids face à certains intérêts géostratégiques, notamment ceux des grandes puissances. Il en va ainsi des enjeux qui entourent Diego Garcia. Les Américains considèrent en effet que cette base représente un atout essentiel pour sauvegarder leur giron d'influence dans la région[151].

Section I – Les liens entre la Grande-Bretagne et les États-Unis

Nous avons vu dans le Chapitre II de la première partie les obligations conventionnelles entre les États-Unis et la Grande-Bretagne relatives aux Chagos. Il s'agit maintenant de comprendre les liens plus profonds qui unissent ces deux nations pour comprendre pourquoi la Grande-Bretagne est si encline à satisfaire son puissant allié d'outre-Atlantique, et ce parfois au mépris du droit international.

---

[151] Department of the Navy, US Marine Corps, US Coast Guard, A Cooperative Strategy for 21st Century Seapower, octobre 2007

Le lien entre la Grande-Bretagne et les États-Unis est historique. Ce n'est en fait que depuis la Première Guerre mondiale et surtout depuis la Seconde que les Américains se sont rapprochés des Anglais ; avant cela, leur faveur allait plutôt à la France. En effet, depuis la guerre d'indépendance américaine (1775-1783) et le rôle crucial qui y avait joué la France avec notamment le marquis de Lafayette[152], il existait des liens très forts entre Français et Américains. Néanmoins, quelques années après, le premier président du Nouveau Monde, George Washington, faisant preuve d'ingratitude, refusait de soutenir Napoléon ; ce qui mena même entre les États-Unis et la France à ce qu'ils appellent outre-Atlantique, la « *quasi-war* »[153]. Avec les années toutefois, les relations se réchauffèrent et le prochain différend qui allait opposer les deux pays serait le traité de Versailles et la vision prophétique qu'en avaient les Américains ; en effet, ceux-là pensaient que les lourdes réparations que l'on réclamait à l'Allemagne et l'humiliation qui lui était faite amèneraient celle-ci, tôt ou tard, à vouloir se venger. Et l'histoire donna raison aux Américains. Après la défaite du troisième Reich, ce qui enragea les Américains fut l'attitude arrogante de De Gaulle, qui, en dépit du plan Marshall et de la grande contribution des Américains dans la défaite nazie, se considérait en vainqueur, alors que la France avait si peu contribué à la victoire. De plus, sa volonté d'obtenir le même poids que les Américains à l'intérieur de l'OTAN, et suite au refus de ceux-là, sa décision de retirer la France du commandement intégré en 1966[154], et son désir de doter la France de l'arme atomique, finit d'exaspérer les

---

[152] C. Tower, *Le Marquis de La Fayette Et La Révolution D'Amérique*, Nabu Press, 2012

[153] http://history.state.gov/milestones/1784-1800/xyz

[154]http://www.ladocumentationfrancaise.fr/dossiers/otan/relations-france-otan.shtml

Américains[155], tout comme la volonté de la France de maintenir des colonies en Afrique et en Asie du Sud-Est. Il y eut aussi la crise de Suez qui n'arrangea pas les choses[156]. Et ce qui scella sans doute le divorce entre les deux frères ennemis fut la célèbre déclaration de De Gaulle au Canada : « Vive le Québec libre ! »[157] Avec la disparition de la France dans les bons papiers des Américains, l'Angleterre y a trouvé tout naturellement sa place, étant donné déjà qu'ils ont en commun la langue, mais aussi des intérêts identiques au Moyen-Orient depuis l'éviction de la France et de la Russie dans cette région.

De plus, grâce à l'accord de défense mutuelle américano-britannique signé en 1958, les États-Unis ont aidé le Royaume-Uni à développer leur propre arsenal nucléaire. En avril 1963, John F. Kennedy et Harold Macmillan ont signé l'accord de vente de missiles Polaris à condition que les États-Unis acceptent de fournir des missiles balistiques UGM-27 Polaris au Royaume-Uni et pour l'utilisation de la flotte de sous-marins de la Royal Navy à partir de 1968. Qui plus est, tout au long des années 1980, Margaret Thatcher, alors Première ministre, était fortement en faveur de la position inébranlable de Ronald Reagan envers l'Union soviétique. Souvent décrits comme des « âmes sœurs politiques »[158], le président Reagan et Margaret Thatcher se sont rencontrés à de nombreuses reprises tout au long de leur carrière politique, parlant de concert en confrontant le Premier ministre soviétique Mikhaïl Gorbatchev.

---

155 V. Jauvert, *L'Amérique contre de Gaulle : Histoire secrète, 1961-1969*, Seuil, 2000

156 M. Ferro, *1956, Suez : Naissance d'un Tiers-Monde,* Editions Complexe, 2006

157 http://www.ina.fr/video/I09047746

158 http://edition.cnn.com/2013/04/08/politics/thatcher-reagan/

En 1982, durant la guerre des Malouines[159], les États-Unis ont d'abord essayé de servir de médiateur entre le Royaume-Uni et l'Argentine, mais ont finalement fini par soutenir la contre-invasion menée par le Royaume-Uni. Le Département de la Défense des États-Unis a même fourni l'armée britannique en équipements ainsi qu'en soutien logistique.

Plus proche de nous, le post 11 septembre a aussi été l'occasion d'un rapprochement entre les deux puissances anglo-saxonnes. Non seulement les troupes britanniques participèrent-elles aux opérations de l'OTAN en Afghanistan, mais Tony Blair, alors Premier ministre britannique, contre l'avis de son peuple[160] et d'une partie de la communauté internationale dont la France, la Chine et la Russie, appuya militairement les États-Unis dans leur invasion de l'Irak en 2003.

On le voit bien, les liens entre les États-Unis et le Royaume-Uni sont tenus et multiples, aussi bien linguistiques et culturels que militaires et économiques. D'ailleurs, Hilary Clinton, alors secrétaire d'État américaine, ne s'y est pas trompée en disant en 2009 que les relations entre les deux pays « résistent à l'épreuve du temps »[161]. D'ailleurs selon un sondage, 89% des Américains voient les Britanniques d'un œil favorable[162],

---

[159] Possessions britanniques depuis 1833, les Iles Malouines sont envahies par les forces militaires argentines le 2 avril 1982. Margaret Thatcher, alors Premier Ministre britannique, ordonne une opération pour reprendre de force les Malouines. Les combats sont courts mais violents, on compte 250 morts dans les forces britanniques et 750 au sein des troupes argentines. Le 14 juin de la même année, les forces argentines déposent les armes.

[160]http://www.mintpressnews.com/MyMPN/the-guardians-seumas-milne-was-wrong-tony-blair-wanted-war-with-iraq/

[161] http://news.bbc.co.uk/2/hi/americas/7866859.stm

[162]http://www.ctvnews.ca/poll-ranks-canada-second-in-list-of-top-u-s-allies-1.375958

ce qui est à contraster avec le « French bashing » (c'est-à-dire le dénigrement dont sont victimes les Français et la France), qui est souvent en vogue outre-Atlantique[163].

Enfin, dernier facteur à prendre en compte, et peut-être non des moindres, et qui peut aider à comprendre la complicité des deux pays, notamment sur le plan géopolitique, c'est l'identité religieuse. Selon Max Weber, il existerait une corrélation positive entre l'émergence du capitalisme et le protestantisme[164]. Des 79% des Américains qui se disent chrétiens, 51% sont affiliés au protestantisme[165]. Pour ce qui est du Royaume-Uni, 56% se prétendent chrétiens dont une grande majorité anglicane[166], qui est une forme modifiée du protestantisme. Si, en effet, le capitalisme était déjà en germe au XVIe siècle, c'est la réforme et les différents mouvements religieux qui s'ensuivirent, tant l'anglicanisme que le calvinisme, qui lui ont donné un coup d'accélérateur. Le mercantilisme a été le plus florissant en Angleterre, en Hollande, ou en Allemagne, tous des pays protestants ; et cela quelles que soient les raisons qui ont poussé ces pays à adopter le protestantisme comme religion d'État, telle l'Angleterre qui l'a fait parce que Henri VIII voulait divorcer de sa femme légitime afin d'épouser Anne Boleyn, mais que le Pape refusait de le lui accorder. Le fait est là, et demeure : ces pays sont passés d'un système d'économie centralisée (même si ce terme est anachronique) à un système

---

[163]http://www.france-amerique.com/articles/2014/12/10/donald_morrison_le_french_bashing_est_une_tradition_americaine.html

[164] M. Weber, *L'éthique protestante et l'esprit du capitalisme*, Presses Pocket, 1991

[165] http://www.pewforum.org/religious-landscape-study/

[166]http://www.brin.ac.uk/news/2013/british-social-attitudes-survey-2012/

libéral[167]. Le protestantisme aura connu un glissement théologique ; il passe de la conception que certains hommes sont prédestinés à être sauvés, à celle que tous les protestants sont ainsi prédestinés. Cette idée les amènera à penser que Dieu leur a livré les États-Unis, un Nouveau Monde, pour qu'il puisse y élire domicile et y construire la nouvelle Jérusalem. L'Amérique est, à leurs yeux, « appelée » à être le phare du monde et éclairer tous les peuples de la terre. On peut ainsi donc voir une corrélation positive entre le protestantisme et la géostratégie états-unienne, et par extension, britannique. La Grande-Bretagne et les États-Unis, partageant des racines théologiques communes, épousent, certes, sans doute très inconsciemment, les mêmes aspirations géopolitiques.

Toutes les raisons décrites ci-dessus expliquent que les Américains et les Britanniques soient des alliés indéfectibles, et sont sans doute appelés à le rester pendant longtemps. Ce qui fait que la voix de quelques Chagossiens peine à se faire entendre dans les couloirs de Downing Street[168] qui a plus à cœur de ne pas contrarier leurs cousins américains que de réparer une injustice causée il y a plus d'un demi-siècle.

---

[167] Il faut aussi noter que la même corrélation existe sensiblement avec le marché et la vision géopolitique de l'Inde qu'avec ceux des États-Unis, étant donné que l'hindouisme, tout comme le protestantisme, gravite autour de la prédestination, avec son système de caste, sa conception du dharma, et le cycle infernal des réincarnations, ce qui a permis à l'Inde en cinquante ans de connaître un développement militaire et économique phénoménal, allant jusqu'à effectuer en 1998 son premier essai nucléaire, et pouvoir aujourd'hui se placer comme un point pivotal de la géostratégie de cette région et pouvoir concurrencer certains marchés économiques occidentaux.

[168] Le 10 Downing Street, à Londres, est là où réside le Premier ministre britannique.

Section 2 – La guerre contre le terrorisme

Il est de coutume de dire qu'on appelle « terrorisme » la lutte des faibles contre les forts et « lutte contre le terrorisme » celle des forts contre les faibles[169]. C'est un raccourci un peu facile et les démocraties occidentales sont quand même bien heureuses de voir se déjouer des attentats sur leur sol, quelle qu'ait pu être la légitimité politique des terroristes. Mais cet essai n'est pas le lieu pour examiner le terrorisme comme phénomène politique, d'autres s'en sont chargé bien mieux que nous saurions le faire dans ces pages[170]. Ce que cette section analysera cependant, c'est le lien entre le phénomène terroriste, ou plutôt les moyens pour le combattre, et le droit. Car si le dernier permet de mieux combattre le premier, il a aussi tendance à s'écrouler sous son poids. Et c'est bien la lutte contre le terrorisme, entre autres choses, que les Américains mettent en avant, pour légitimer leur présence militaire dans l'océan Indien.

En effet, selon un article du TIME[171], un officier des services de renseignements américains, aujourd'hui à la retraite, a affirmé qu'un officier du contre-terrorisme de la CIA a révélé que des prisonniers soupçonnés de terrorisme ont été « interrogés » sur la base de Diego Garcia en 2002 et 2003 et qu'une prison secrète existait sur l'atoll, ce qui a été confirmé par le général américain à la retraite Barry McCaffrey[172]. De plus, le journal *El Pais*[173] a rapporté qu'un citoyen syrio-espagnol, capturé au Pakistan en 2005, a été détenu sur l'île pendant des mois.

---

169 http://www.monde-diplomatique.fr/2001/12/CHOMSKY/8234

170 B. Hoffman, *La mécanique terroriste*, Calmann-Lévy, 1999.

171 http://content.time.com/time/world/article/0,8599,1828469,00.html

172 http://www.theguardian.com/world/2008/mar/02/ciarendition.unitednations

173 http://elpais.com/diario/2008/05/18/domingo/1211082753_850215.html

La guerre contre le terrorisme a déjà fait reculer nombre de principes dont se targuaient les États de droit. Si on prend l'exemple des États-Unis, l'après 11 septembre a vu naitre le *Patriot Act*[174]. Le terrorisme devient cet épouvantail que l'on agite pour justifier parfois des lois liberticides. Hier, c'était la Guerre froide que les États-Unis prenaient comme prétexte pour légitimer la construction d'une base militaire sur Diego Garcia, aujourd'hui, c'est la lutte contre le terrorisme qu'ils brandissent. On le voit donc, si la lutte contre le terrorisme a tendance à battre en brèche le droit interne, il est aussi en voie de faire reculer le droit international.

Selon Carl Schmitt, « *est souverain celui qui décide de l'état d'exception* (*Ausnahmefall*) »[175]. Pour le juriste allemand, « *tout droit est un droit situationnel* »[176] ; ce qu'il entend par cela c'est que le fait d'avoir une règle de droit absolue ferait courir le risque d'être pris au dépourvu face à des circonstances changeantes. C'est cette philosophie qu'ont embrassée les Américains, tant dans leur droit interne que dans leur politique internationale. Certaines circonstances doivent amener à des décisions radicales, comme suspendre les libertés fondamentales ou encore avoir recours à la torture, cautionnée par l'administration américaine sous l'ère Bush fils. Le droit d'exception prend de plus en plus le pas sur le droit traditionnel, et à force de compromis le droit d'exception se « traditionnalise » pour devenir la norme.

De plus, à en croire le philosophe Leo Strauss, les gouvernements doivent parfois être amenés à mentir à leur peuple, et ce pour leur bien. Le professeur de l'Université de Chicago distingue ainsi les « *deadly truths* » des « *noble*

---

[174] http://thomas.loc.gov/cgi-bin/query/z?c107:H.R.3162.ENR:
[175] C. Schmitt, *Political Theology*, Cambridge, Mass.: MIT Press, 1985, p.5.
[176] *Ibid*, p. 13.

lies »[177] ; certains mensonges, pour ce lecteur de Platon, sont salutaires. Lecteur de Platon, car dans *La République*, le fondateur du Lycée considère que la cité doit être gouvernée par des rois philosophes qui, de par leur sagesse, savent mieux que le peuple ce qui est bon pour lui. Paul Wolfowitz, qui a été secrétaire adjoint à la Défense américaine entre 2001 et 2005 au sein du gouvernement de George W. Bush fut un étudiant de Strauss à l'Université de Chicago, tout comme Abram Shulsky qui supervisa l'*Office of Special Plans*[178] du Pentagone et qui avait pour mission la collecte d'informations et de renseignements afin de légitimer la guerre en Irak. Shulsky lui-même confesse que ce qu'il a retenu de l'enseignement de Strauss[179], c'est que la tromperie était la norme en politique ; les mensonges à propos des armes de destructions massives en Irak sont donc légitimés au nom de principes supérieurs : le bien de la Nation.

Si on transpose ces analyses dans le cas de Diego Garcia, les Américains pourront toujours prétendre qu'en dépit du fait que le droit soit du côté chagossien (ce qui n'est pas acquis cependant, comme nous l'avons démontré), des raisons supérieures justifient qu'ils continuent à y asseoir une base afin de lutter contre le terrorisme. Chose qu'ils pourront, par quelque gymnastique intellectuelle qui leur est propre, facilement argumenter, comme ils l'ont fait avec les supposées armes de destruction massive censées se trouver en Irak[180].

---

[177] S. B. Drury, *Leo Strauss and the American Right*, Palgrave Macmillan, 1999.

[178] Qui était un bureau de renseignements, entre 2002 et 2003, chargé de fournir des renseignements à l'administration Bush.

[179] http://www.newyorker.com/magazine/2003/05/12/selective-intelligence

[180] http://www.un.org/press/fr/2003/CS2444.doc.htm

B. L'application du droit international en droit interne

Les juges anglais, notamment dans *Bancoult 2*, se sont-ils laissés « influencés » par des enjeux qui les dépassaient ? Ce serait là un procès d'intention qu'on leur ferait en l'affirmant, et nous nous en garderons bien. Cependant, il serait illusoire que de penser que les juges, tout humain qu'ils sont, ne font qu'appliquer la loi de manière clinique, en faisant abstraction du monde qui les entoure, ni faire fi de la pression qui pèse sur leurs épaules. En effet, selon l'école de pensée américaine connue comme « *legal realism* »[181], les juges, pour rendre leurs décisions, sont influencés par nombre de facteurs qui n'ont rien avoir avec le droit, l'exemple souvent cité est qu'il serait influencé par ce qu'il aura mangé au petit-déjeuner[182]. Pour caricatural que soit cet exemple, il n'en demeure pas moins vrai que l'humain prend parfois le dessus sur la fonction et qu'en se prononçant sur une affaire, le juge envisage forcément les conséquences politiques et sociales à même d'en découler, parfois même en allant à l'encontre de la lettre de la loi. Ainsi est-il parfois déchiré entre ce que Max Weber qualifiait d'éthique de responsabilité et éthique de conviction. Pour le sociologue allemand, « *le partisan de l'éthique de responsabilité comptera justement avec les défaillances communes de l'homme et il estimera ne pas pouvoir se décharger sur les autres des conséquences de sa propre action pour autant qu'il aura pu les prévoir. Il dira donc : « Ces conséquences sont imputables à ma propre action* ». Le partisan de l'éthique de conviction ne se sentira « responsable » que de la nécessité de « *veiller sur la flamme de la pure doctrine afin qu'elle ne s'éteigne pas,*

[181] L. Fuller, "*American Legal Realism*", University of Pennsylvania Law Review. 429, 443, 1934

[182] http://www.pnas.org/content/108/17/6889.full

par exemple, sur la flamme qui anime la protestation contre l'injustice sociale. Ses actes qui ne peuvent et ne doivent avoir qu'une valeur exemplaire mais qui, considérés du point de vue du but éventuel, sont totalement irrationnels, ne peuvent avoir que cette seule fin : ranimer perpétuellement la flamme de sa conviction. »[183]

Ainsi, quand bien même les juges anglais trouveraient que le droit international donne raison aux Chagossiens, la peur de froisser le gouvernement britannique et par extension le gouvernement américain a pu influencer leur jugement. D'autant plus qu'ils ne veulent pas endosser la responsabilité de nuire à la guerre contre le terrorisme que mènent les Américains et ainsi endosser la responsabilité qu'il y ait d'autres attentats sur le sol britannique ou d'autres États occidentaux. Ce ne sont-là bien sûr que des supputations, mais nous pensions nécessaires de les exprimer.

D'un point de vue plus légaliste, l'application du droit international dans son ensemble, mais également du droit européen, en droit interne, pose plusieurs questions. S'agissant d'un État ayant adopté un système moniste ou un système dualiste, la réponse ne sera pas forcément la même, comme nous allons le découvrir maintenant.

Section 1 – Système moniste et système dualiste

Il existe deux écoles de pensée quant à l'application du droit international en droit interne, le système dualiste et le système moniste ; selon le premier, les normes du droit international n'acquièrent de force juridique qu'en étant transposées en droit interne, tandis que le second prétend que le droit international s'impose de manière spontanée en droit interne. Ainsi, pour un État qui ferait sien le système dualiste, le droit international n'aurait aucune validité en

[183] M. WEBER, *Le savant et le politique*, Plon, 10/18, Paris 1995.

droit interne en soi, à moins d'une décision judiciaire ou de la promulgation d'une loi allant en ce sens, comme s'il existait entre le droit international et le droit interne une frontière étanche qui séparait les deux. Cela a pour but de se prémunir contre l'influence d'un droit qui ne serait pas dicté par les valeurs juridiques du pays et ainsi de préserver sa souveraineté judiciaire. L'une des critiques que l'on peut adresser au système dualiste c'est qu'il fait fi du fait que l'on vit aujourd'hui dans un monde globalisé et qu'il n'y a pas lieu de distinguer entre sujets de droit nationaux et internationaux, mais qu'il faut seulement se préoccuper d'individus.

Le droit britannique, lui, penche du côté dualiste, comme en atteste un jugement de la chambre des Lords[184] et qui affirme que le droit international coutumier « *ne fait pas partie du droit anglais, mais en est une source* ». Les tribunaux anglais peuvent prendre en compte le droit international coutumier dans certains cas particuliers, à condition d'une part que le principe soit bien établi en droit international et que d'autre part, l'État y ait consenti.

Dans l'affaire des Chagos, la lecture en parallèle de l'article 73 de la Charte des Nations Unies, de la déclaration coloniale de 1960 ainsi que de la déclaration sur les relations amicales de 1970 semble aller dans le sens d'une consécration du principe d'autodétermination par le droit international coutumier. La première condition paraît donc pouvoir être remplie. Pour ce qui est de la seconde, soit que l'État anglais y ait consenti, le gouvernement britannique a en effet approuvé le Chapitre XI de la Charte des Nations Unies ainsi que la déclaration sur les relations amicales de 1970, ce qui permet donc de penser que la Grande-Bretagne adhère au principe d'autodétermination. Mais adhérer à un principe n'est pas la même chose que le transposer dans son droit interne. En effet, en droit anglais, un traité, quel qu'il

---

184 *R. v Jones (Margaret) and ors*, Appeal Judgment, [2006] UKHL 16

soit, n'aura force de loi que s'il est transposé dans une loi parlementaire. Cela est conforté par une jurisprudence constante. Ainsi, dans *Maclaine Watson v Department of Trade and Industry*[185], la cour observa que « *les traités ne sont pas auto-exécutoires. Pour le dire simplement, un traité ne fait pas partie du droit anglais à moins qu'il n'ait été incorporé dans le droit par la législation* ». De même, dans une autre affaire[186], Lord Bingham affirma qu'un traité « *même ratifié par le Royaume-Uni, n'a pas de force obligatoire en droit interne de ce pays à moins qu'une loi ne lui confère des effets* ». Cependant, dans la majorité des cas, les tribunaux anglais se font fort d'interpréter le droit interne à la lumière des obligations internationales conventionnelles du Royaume-Uni[187].

Ainsi, on peut supputer que le décret royal auquel s'oppose *Bancoult 2* doit être interprété à l'aune du droit international coutumier qui consacre le principe d'autodétermination. De plus, selon le modèle de « compromis de Fitzmaurice »[188], le droit international et le droit interne existent sur deux plans différents et, conséquemment, donnent lieu à deux obligations juridiques conflictuelles. Ainsi, si un État promulgue des lois nationales qui sont en contradiction avec des lois internationales qui sont pourtant contraignantes, les lois nationales doivent être appliquées tout de même, mais l'État en question peut voir sa responsabilité engagée sur le plan international puisqu'une obligation de cet ordre a été violée. Un tel « compromis » est reflété dans la Convention de Vienne sur le droit des traités de 1969, en son article 27

---

[185] http://www.uniset.ca/other/cs5/1989Ch72.html
[186] *A v Secretary of State for the Home Department* [2006] AC 221
[187] *Derbyshire CC v Times Newspapers* [1992] 3 WLR 28.
[188] D'après Gerald Fitzmaurice, un avocat et juge anglais qui a été membre de la cour permanente d'arbitrage et qui a siégé comme juge à la Cour internationale de justice et à la Cour européenne des droits de l'homme.

selon lequel une partie ne peut invoquer les dispositions de son droit interne pour justifier sa non-application d'un traité. De plus, selon l'article 46 (1) de la même Convention, « *Le fait que le consentement d'un État à être lié par un traité a été exprimé en violation d'une disposition de son droit interne concernant la compétence pour conclure des traités ne peut être invoqué par cet État comme viciant son consentement, à moins que cette violation n'ait été manifeste et ne concerne une règle de son droit interne d'importance fondamentale.* » Un tel « compromis » a également été retenu par la CIJ dans l'affaire *Cameroun c. Nigeria*[189] de 2002.

De ce fait, on peut considérer que nonobstant le jugement défavorable rendu contre les Chagossiens dans l'affaire *Bancoult 2*, le gouvernement britannique a l'obligation légale internationale de faciliter le droit des Chagossiens à retourner chez eux.

Section 2 – La pertinence du droit international dans l'affaire chagossienne

(i) La CEDH et les Chagos

Le Royaume-Uni pourrait bientôt ne plus avoir de compte à rendre aux juges de Strasbourg ; en effet, le Premier ministre britannique, David Cameron, a prôné une rupture avec la Cour européenne des droits de l'homme[190] en envisageant la promulgation d'une *British Bill of Rights* s'il était réélu. Ce qui a été chose faite depuis le 7 mai 2015[191]. Mais pour l'heure, la Cour européenne des droits de l'homme demeure la plus haute instance judiciaire pour

[189] http://www.icj-cij.org/docket/files/94/7472.pdf

[190]http://www.lemonde.fr/europe/article/2014/10/01/cameron-veut-sortir-le-royaume-uni-de-la-cedh_4498759_3214.html

[191]http://www.lefigaro.fr/vox/monde/2015/05/08/31002-20150508ARTFIG00214-la-victoire-de-david-cameron-une-defaite-pour-l-union-europeenne.php

le Royaume-Uni (même si depuis la promulgation de la *Human Rights Act*[192], qui dote le Royaume de l'arsenal juridique nécessaire pour sanctionner les infractions contre les droits de l'homme, et qui est en conformité avec la Convention européenne des droits de l'homme, les justiciables anglais peuvent se tourner directement vers les tribunaux britanniques si certains de leurs droits sous la convention européenne leur paraissent lésés). Ainsi, les Chagossiens ont-ils également porté l'affaire devant la Cour européenne des droits de l'homme[193].

Les requérants se plaignaient de leur retrait des îles (le processus de décision derrière celle-ci, ainsi que la manière dont elle a été effectuée), les conditions d'accueil à leur arrivée à l'île Maurice et aux Seychelles, l'interdiction de leur retour, le refus pour faciliter le retour une fois que l'interdiction avait été levée et le refus de les indemniser. Ils invoquaient les articles 3 (interdiction des traitements inhumains ou dégradants), 6 (droit à un procès équitable / droit d'accès à un tribunal), 8 (droit au respect de la vie privée, familiale et du domicile), 13 (droit à un recours effectif) et de l'article 1 du Protocole n ° 1 (protection de la propriété).

Mais avant d'en venir au fond, la Cour devait établir si les juridictions britanniques, à l'égard du BIOT, étaient dans l'obligation d'appliquer la Convention européenne. Ainsi, en 2004, quand l'affaire fut originellement portée devant les juges de Strasbourg, il fallait aux Chagossiens établir la compétence de juridiction de cette instance. S'ils échouaient à le démontrer, l'affaire serait jugée inadmissible et le Royaume-Uni ne pourrait être tenu responsable d'aucune violation de la Convention.

Selon l'article 1 de la Convention européenne des droits de l'homme, « *les Hautes Parties contractantes*

---

192 http://www.legislation.gov.uk/ukpga/1998/42/contents

193 *Chagos Islanders v the United Kingdom* (2013) 56 EHRR SE15.

reconnaissent à toute personne relevant de leur juridiction les droits et libertés définis au titre I de la présente Convention. » De plus, dans l'affaire *Al-Skeini v Royaume-Uni* de 2011[194], la Cour européenne observa que la notion de « juridiction » de l'article 1 de la Convention constitue un critère de seuil et que c'est une condition nécessaire pour qu'un État contractant puisse être tenu responsable pour toute violation de droits ou libertés sous la Convention. Cependant, l'article 1 en question garde le silence sur l'étendue territoriale de la juridiction à laquelle s'applique la Convention. Mais l'affaire *Bankovic c. Belgique*[195] peut nous éclairer. Les juges de Strasbourg relevèrent en l'espèce que la Convention était d'ordre public et qu'elle avait « *une vocation essentiellement régionale* » et que de plus elle n'a « *pas vocation à s'appliquer partout dans le monde, même à l'égard du comportement des États contractants* ». Enfin, ils notent que « *l'article 1 de la Convention doit passer pour refléter cette conception ordinaire et essentiellement territoriale de la juridiction des États, les autres titres de juridiction étant exceptionnels et nécessitant chaque fois une justification spéciale, en fonction des circonstances de l'espèce* ».

La question est donc de savoir si les Chagossiens peuvent se prévaloir de la protection de la Convention européenne des droits de l'homme, c'est-à-dire si celle-ci a vocation à s'appliquer au Territoire britannique de l'océan Indien. Dans l'affaire *Chypre c. Turquie*[196], cette dernière prétendit que l'article ne s'appliquait qu'aux territoires métropolitains. Mais cela fut rejeté par la Cour pour qui la

---

[194]http://hudoc.echr.coe.int/sites/eng/pages/search.aspx?i=001-105606#{%22itemid%22:[%22001-105606%22]}

[195]http://hudoc.echr.coe.int/sites/fra/pages/search.aspx?i=001-43151#{%22itemid%22:[%22001-43151%22]}

[196]http://hudoc.echr.coe.int/sites/eng/pages/search.aspx?i=001-64012#{%22itemid%22:[%22001-64012%22]}

juridiction de la Turquie était engagée sous l'article 1 de la Convention pour les faits et omissions de ses forces militaires en connexion avec l'occupation du nord de la Chypre, puisque la Turquie exerçait un contrôle et une autorité sur les personnes se trouvant dans cette région même si celle-ci se trouvait hors du territoire national turc.

Dans le cas des Chagossiens, la cour avait à trancher si les États contractants exerçaient un contrôle et une autorité sur leurs territoires d'outre-mer, à la lumière de la décision rendue dans *Al-Skeini* et de l'interprétation à donner à l'article 56 de la CEDH[197] et si jamais cet article pouvait être interprété de manière à restreindre le domaine de la juridiction de l'État prévu à l'article 1er. Il est intéressant de noter que les juges refusèrent toutefois d'apporter une réponse claire et univoque à cette question, se contentant d'observer que les Chagossiens n'auraient de toute façon

---

[197] « Application territoriale

1. Tout Etat peut, au moment de la ratification ou à tout autre moment par la suite, déclarer, par notification adressée au Secrétaire Général du Conseil de l'Europe, que la présente Convention s'appliquera, sous réserve du paragraphe 4 du présent article, à tous les territoires ou à l'un quelconque des territoires dont il assure les relations internationales.
2. La Convention s'appliquera au territoire ou aux territoires désignés dans la notification à partir du trentième jour qui suivra la date à laquelle le Secrétaire Général du Conseil de l'Europe aura reçu cette notification.
3. Dans lesdits territoires les dispositions de la présente Convention seront appliquées en tenant compte des nécessités locales.
4. Tout Etat qui a fait une déclaration conformément au premier paragraphe de cet article, peut, à tout moment par la suite, déclarer relativement à un ou plusieurs des territoires visés dans cette déclaration qu'il accepte la compétence de la Cour pour connaître des requêtes de personnes physiques, d'organisations non gouvernementales ou de groupes de particuliers, comme le prévoit l'article 34 de la Convention. »

pas gain de cause sur le fond de l'affaire et qu'ils ne pouvaient plus se prévaloir du statut de « victimes ».

En effet, en l'espèce, la Cour a réitéré le fait que, lorsque les requérants acceptent une somme de compensation en règlement de créances civiles et renoncent à l'utilisation ultérieure de recours internes, ils ne seront généralement plus en mesure de prétendre être victimes à l'égard de ces questions. Ayant accepté et reçu une compensation dans le litige *Ventacassen*[198] et ayant donc effectivement renoncé à apporter toute autre réclamation, les requérants ne pouvaient donc plus prétendre être victimes d'une violation de la Convention. Les insulaires auraient pu poursuivre leurs revendications et obtenir les conclusions des juridictions internes quant à savoir si l'expulsion et l'exclusion de leurs maisons avaient été illégales et avaient violé leurs droits. Ils ont choisi, cependant, de régler leurs revendications sans avoir obtenu une telle détermination. Ce ne fut donc pas à la Cour, dans ce cas, d'assumer le rôle d'un tribunal de première instance de fait et de droit.

L'argument que tous les requérants avaient signé les formulaires de renonciation dans le règlement ou n'avaient pas réalisé que le règlement était définitif a été rejeté. Dans l'affaire portée devant la Haute Cour les juges ont rejeté ces arguments après avoir entendu une abondance de preuves et, en tout cas, les insulaires avaient été représentés par des avocats dans le litige qui a été réglé. En outre, tous les autres habitants de l'île, qui ne font pas partie des 471 insulaires impliquées dans le règlement, devaient avoir été au courant de la procédure, qui ont été largement connus, et auraient fait des déclarations et donc profité de l'offre de règlement proposé ou, s'ils avaient préféré, auraient pu poursuivre leurs revendications dans les procédures judiciaires nationales. Ces insulaires n'ont, pour leur part, pas épuisé

[198] Voir Première Partie, Chapitre II (A), Section II

les recours internes comme l'exige l'article 35 § 1 (concernant les critères de recevabilité) de la Convention.

Concernant les Chagossiens qui ne sont pas nés au moment du règlement, la Cour a noté qu'ils n'avaient jamais possédé de maison sur l'archipel et ne pourraient donc prétendre au statut de victimes résultant des expulsions et leurs suites immédiates.

En effet, il ressort de tous les jugements que, quelle que soit l'issue de cette procédure, les requérants continuaient à n'avoir aucun fondement juridique ou pratique, ni aucune perspective d'être en mesure de retourner sur lesdites îles. Les juridictions nationales ont décidé qu'il n'y avait aucun autre recours juridique ouvert à eux ou d'obligation légale qui pèse sur le gouvernement à payer une rémunération supplémentaire ou un fonds de réinstallation. Ni le gouvernement ni aucune autre source n'étaient disposés à fournir un tel financement non plus.

Par conséquent, le cœur des demandes des requérants en vertu de la Convention était le traitement impitoyable et honteux dont ils ou leurs antécédents avaient subi au cours de leur déplacement originel des îles de 1967 à 1973, et ces demandes avait été soulevées devant les juridictions internes et réglées, définitivement. La Cour a estimé, comme la Chambre des Lords, que les tentatives de poursuivre encore les choses au cours des dernières années devaient être considérées comme faisant partie d'une campagne globale visant à faire pression sur la politique du gouvernement plutôt que de divulguer toute nouvelle situation donnant lieu à de nouvelles revendications en vertu de la Convention.

En conséquence de quoi, la cour, à la majorité, a statué que les Chagossiens avaient accepté une compensation du gouvernement du Royaume-Uni et qu'ils avaient effectivement renoncé à leur « droit au retour » et que de ce fait leur affaire était irrecevable.

Ce genre de raisonnement a de quoi surprendre, puisque la Cour, dans une logique *a contrario* si on peut le mettre ainsi, avant d'apprécier si effectivement la Convention s'appliquait au BIOT comme prévu par l'article 1, considère d'abord le fond de l'affaire et décide que de toute façon, les Chagossiens n'auraient pas gain de cause. Mais au vu de l'argumentaire développé dans l'affaire *Al-Skeini* on est en droit de penser, même si les juges de Strasbourg n'ont pas osé y répondre franchement, que les Chagossiens peuvent se prévaloir de la violation de leurs droits sous la Convention européenne des droits de l'homme et que celle-ci a vocation à s'appliquer aux territoires d'outre-mer.

La portée de cette règle est plus importante qu'elle n'y paraît, puisqu'elle pose la question de l'universalité des valeurs. Ainsi, la Convention européenne des droits de l'homme n'a pas pour vocation de s'appliquer uniquement dans l'espace européen *stricto sensu* mais également à des territoires où des pays européens exercent un contrôle ou une autorité, y compris sur des populations qui ne seraient pas originaires d'Europe. Si on peut saluer un tel principe puisqu'il considère qu'il n'y pas de droits bons pour les Européens mais non pour d'autres populations, on est également en droit de s'interroger sur sa légitimité. En effet, la CEDH s'est développée dans un contexte culturel et historique particulier, dans des pays ayant un héritage judéo-chrétien et issus de la tradition des Lumières et qu'il n'est pas très cohérent de l'appliquer à des territoires dont l'histoire et la culture sont différentes.

(ii) LA CIJ et les Chagos

Dans l'avis consultatif qu'elle a rendu le 25 février 2019, la Cour Internationale de Justice (CIJ) a conclu que « le processus de décolonisation de Maurice n'a pas été validement mené à bien lorsque ce pays a accédé à l'indépendance » et que « le Royaume-Uni [était] tenu, dans les plus brefs délais, de mettre fin à son administration de l'archipel des Chagos ». La pertinence de l'avis de la CIJ se manifeste à plusieurs niveaux, notamment juridique, historique, politique et éthique. Cet avis, bien qu'étant consultatif et non contraignant, revêt une importance significative dans le contexte de la décolonisation et du droit international.

L'avis de la CIJ, demandé par l'Assemblée générale des Nations Unies, a conclu que la séparation de l'archipel des Chagos du territoire mauricien en 1965, et le maintien de l'administration britannique sur l'archipel, étaient contraires au droit international. Cette conclusion repose sur plusieurs principes fondamentaux du droit international, notamment le droit des peuples à l'autodétermination et l'illégalité de la déportation des Chagossiens de leur territoire. Cette décision souligne l'importance de la finition du processus de décolonisation et réaffirme la souveraineté de Maurice sur les Chagos.

Sir Anerood Jugnauth[199], un personnage emblématique de la politique mauricienne, a joué un rôle clé dans les

---

[199] Sir Anerood Jugnauth, un éminent homme d'État mauricien, laisse derrière lui un héritage politique et juridique remarquable. Né le 29 mars 1930, Jugnauth a joué un rôle crucial dans la formation de l'identité nationale de l'île Maurice et dans sa lutte pour la souveraineté et la justice. Sa carrière politique a débuté dans les années 1960. Il a servi en tant que Premier ministre de l'île Maurice à plusieurs reprises, la première fois en 1982. Sous sa direction, Maurice a connu un développement économique et social significatif, se transformant en un modèle de démocratie et de progrès dans la région de l'océan Indien. Jugnauth a également été Président de la République de Maurice, renforçant le prestige de son pays sur la scène internationale. Il était connu pour sa fermeté en matière de politique étrangère, en particulier en ce qui concerne la souveraineté de Maurice sur l'archipel des Chagos. Sa position ferme contre le colonialisme et son engagement envers la justice pour les Chagossiens déplacés ont fait de lui une figure respectée au niveau international. Au-delà de la politique, Sir Anerood Jugnauth était un avocat de profession, apportant une compréhension

délibérations concernant l'archipel des Chagos devant la Cour Internationale de Justice à La Haye. En ouvrant les débats le 3 septembre 2018, feu Anerood Jugnauth a apporté une contribution significative à cette affaire historique, qui a marqué la lutte de Maurice contre les vestiges du colonialisme britannique. À l'âge de 88 ans, l'ancien président de la République de Maurice et ancien ministre (et alors « ministre mentor »), seul témoin encore en vie des conférences constitutionnelles de Londres en 1965, a exprimé sa perspective unique sur la séparation de l'archipel des Chagos de Maurice. Son intervention devant la CIJ était considérée comme sa dernière bataille politique majeure. Jugnauth a souligné l'importance de l'avis consultatif de la CIJ dans le processus de décolonisation de Maurice, mettant en lumière le désir de réinstaller les Chagossiens qui souhaitent retourner sur leurs terres ancestrales.

L'avocat de Maurice, Philippe Sands, a interprété les audiences comme une demande de l'Assemblée générale des Nations Unies pour un avis visant à mettre fin au dernier vestige britannique du colonialisme en Afrique. Cette perspective met en évidence la portée historique et juridique des audiences à La Haye, soulignant l'importance de la question des Chagos dans le contexte plus large de la

---

juridique nuancée à ses rôles politiques. Cette combinaison unique de compétences juridiques et de leadership politique a été essentielle dans la conduite des affaires de son pays, en particulier dans des situations complexes comme le litige sur les Chagos. Son leadership a été caractérisé par une vision pour une Ile Maurice moderne, unie et prospère, ainsi que par un engagement sans faille envers les principes de démocratie et de droit. Sir Anerood Jugnauth restera dans l'histoire comme un bâtisseur de la nation mauricienne et un champion de la cause des petits États insulaires face aux défis mondiaux. Sir Anerood Jugnauth est décédé le 3 juin 2021, mais son héritage continue de vivre à travers son travail inlassable pour l'île Maurice et sa contribution significative à la politique et au droit international.

décolonisation mondiale. La position de la partie anglo-américaine était que la CIJ ne devrait pas se prononcer sur ce contentieux, le considérant comme un différend bilatéral. Cependant, l'Union africaine et dix-huit des vingt-deux États participant aux audiences ont plaidé en faveur de Maurice. L'archipel des Chagos, dont la plus grande île est Diego Garcia, abritant une base militaire américaine, est devenu un symbole des luttes de décolonisation et des droits humains. La décision de la CIJ, attendue six mois après ces audiences, était donc très attendue pour ses implications potentielles sur la souveraineté territoriale et le droit international.

La déclaration de Jugnauth à La Haye illustre la persistance de la lutte pour la justice et la souveraineté des peuples colonisés, même des décennies après les actes de décolonisation officiels. Sa participation a apporté une dimension personnelle et historique à la procédure judiciaire, renforçant l'appel de Maurice à la reconnaissance internationale de ses droits sur l'archipel des Chagos.

Politiquement, l'avis de la CIJ a suscité un débat international sur les relations entre les anciennes puissances coloniales et les États postcoloniaux. Il met en lumière la tension entre les intérêts géopolitiques des grandes puissances et le respect du droit international et des droits humains. L'avis a encouragé le dialogue international et a poussé plusieurs États et organisations internationales à prendre position sur la question. Sur le plan éthique, l'avis rappelle l'importance du respect des droits humains fondamentaux, en particulier dans le cas des Chagossiens déplacés. Il reconnaît le préjudice subi par cette communauté et appelle à la justice et à la réparation pour les torts historiques commis. Cela souligne l'importance de l'éthique dans les relations internationales et la prise de décision.

L'avis de la CIJ sur la question des Chagos est donc pertinent à plusieurs égards. Il réaffirme des principes juridiques essentiels, met en lumière une histoire coloniale douloureuse, influence le paysage politique international et soulève des questions éthiques importantes. Bien que non contraignant, il représente un jalon important dans la lutte pour la justice et la décolonisation, et continue d'influencer le discours international sur ces questions.

CONCLUSION

De tout temps, des nations en ont annexé d'autres. De tout temps, des raisons, plus ou moins légitimes, ont été fournies pour justifier l'annexion. Celle-ci souvent s'est faite par des moyens militaires, parfois, par le biais de la diplomatie, d'autres fois, par un simple coup de crayon sur une carte. Toujours, cependant, au détriment des peuples annexés qui se sont vus soit réduits en esclavage, soit devenant un satellite du pays à l'origine de l'annexion, soit en étant tout simplement déportés, comme le furent les Chagossiens.

Nous avons examiné l'appartenance juridique des Chagos, où trois solutions sont possibles, à savoir que d'abord, les Chagos sont britanniques puisqu'on ne peut parler de colonisation pour ce qui est de l'Ile Maurice et que les Chagos n'ont jamais appartenu en tant que tel à Maurice mais étaient seulement administrés depuis l'Ile. Ensuite que les Chagos appartiennent à l'Ile Maurice en raison de la règle *Uti possidetis juris* qui veut que tout nouvel État s'engage à préserver comme frontières les limites qui étaient celles du territoire dont il est issu. Cependant, la délégation mauricienne ayant ratifié un accord cédant cet atoll à la Couronne, les Chagos sont légalement la possession (mais non la « propriété ») de la Grande-Bretagne. Mais on a aussi vu l'argument qui veut que cet accord soit vicié étant donné que le consentement aurait été obtenu par le chantage, à savoir, soit Maurice cède les Chagos et devient indépendante, soit elle s'y refuse et demeure une colonie britannique. Enfin, on a examiné l'hypothèse selon laquelle les Chagossiens constituent un peuple à part entière, indépendamment de Maurice, et peuvent ainsi prétendre à l'autodétermination.

Ces hypothèses viennent se heurter à une certaine *realpolitik*. En effet, les Américains, qui ont eu à bail Diego

Garcia des Britanniques, et qui y ont implanté l'une de leurs plus importantes bases militaires, ne sont pas prêts à y renoncer. La situation géostratégique de cet atoll est en effet d'une importance cruciale pour les Américains et qui leur permet d'affermir leur position dans la région.

Le droit international, depuis son émergence, a dû composer avec certaines réalités politiques qu'il a su, pu, ou voulu gérer peu ou prou. De par sa nature même, le droit international, s'il a pour ambition de régir les relations entre différents sujets internationaux, que ceux-ci soient des nations comme en droit international public, ou des individus, comme en droit international pénal, repose bien souvent sur un consensus fictif, où chaque État attend le bon moment pour s'en défaire, pour rompre le *contrat international* ; en somme que les relations internationales sont gouvernées par la volonté de puissance qui rend *ipso facto* tout droit international caduc. Mais si imparfait qu'il soit, le droit international a le mérite d'exister.

La question s'est posée de savoir si les Chagossiens pouvaient se prévaloir du droit international pour retourner sur leur archipel. On a vu que la Cour européenne des droits de l'homme a refusé de se prononcer clairement sur la question, préférant juste relever que les Chagossiens, sur le fond, n'auraient pas gain de cause, pour les raisons examinées plus haut. Cependant, la Cour permanente d'arbitrage, dans une décision rendue le 18 mars 2015, a jugé que « *Maurice devrait être consultée avant toute décision prise concernant l'archipel des Chagos. Et avec la décision de créer une Marine Protected Area (MPA), l'état de l'archipel sera invariablement affecté s'il est éventuellement retourné à Maurice. De fait, le tribunal considère que les droits de Maurice sont légitimes.* »[200] Cela n'a certes pas d'influence directe sur un retour des

[200]http://www.lexpress.mu/article/260082/parc-marin-au-chagos-maurice-obtient-gain-cause

Chagossiens dans leurs îles, mais qu'une instance internationale reconnaisse que Maurice a des droits sur cet archipel est déjà une avancée dans les revendications mauriciennes.

Enfin, l'avis de la Cour Internationale de Justice sur l'archipel des Chagos, rendu en 2019, a statué que la séparation de l'archipel de Maurice en 1965 était illégale et a enfreint le droit international. La Cour a affirmé que le processus de décolonisation de Maurice n'a pas été complété légalement à cause de cette séparation. En conséquence, la CIJ a recommandé que le Royaume-Uni mette fin à son administration de l'archipel et reconnaisse la souveraineté de Maurice.

Mais il s'agit bien là justement de revendications mauriciennes, et rien ne permet d'affirmer que dans le cas où les Chagos seraient retournés à Maurice, les Chagossiens puissent retrouver leurs terres natales, puisque des sommes considérables devraient être engagées, comme il a été dit précédemment concernant l'étude de faisabilité relative à un retour des Ilois. Est-ce que le gouvernement mauricien mettrait la main à la poche ou se tournerait-il vers la Grande-Bretagne, la question mérite d'être posée, même si le gouvernement britannique a déjà fait savoir qu'il était hors de question qu'il supporte ces coûts. D'autant plus qu'il considère avoir déjà indemnisé les Chagossiens pour leur exil et qu'en retour, ceux-ci ont renoncé à leur droit d'entrer d'autres actions en justice contre la Grande-Bretagne, promesse qu'ils n'ont pas tenue.

La souffrance des Chagossiens est évidente ; d'ailleurs, pour décrire leur exil forcé, ils utilisent le terme créole de « *sagrin* », qui vient du français « chagrin ». Il ne fait guère de doute non plus que leur expulsion était injuste. Mais « injuste » ne veut pas dire « illégale ». Les tribunaux britanniques ont tranché. En faveur du gouvernement britannique. Comme par hasard. On peut soupçonner que leurs jugements avaient des considérations autres que juridiques, notamment politiques. Mais ce sont là des soupçons que l'on peut porter sur beaucoup de jugements.

L'expulsion des Chagossiens et leur droit au retour constituent une affaire complexe. Résumons brièvement les faits :

i. La Grande-Bretagne prend possession de l'Ile Maurice qui était aux mains des Français, sachant que ces derniers sont les premiers habitants de l'Ile et qu'il n'y a jamais eu de populations autochtones dans le pays.

ii. Les Chagos sont « administrés » depuis Maurice, les deux faisant partie de la Grande-Bretagne.

iii. En 1965, le Conseil des ministres mauriciens signe un accord, connu comme les accords de Lancaster, qui permettent à la Grande-Bretagne de détacher les Chagos de Maurice et qu'en retour celle-ci se verra accorder l'indépendance.

iv. Les Chagossiens sont expulsés de leur archipel et se retrouvent cantonnés dans les bidonvilles de Maurice.

v. Après un changement de gouvernement dans le pays, qui voit le parti travailliste (dont est issu le Premier ministre qui a signé les accords de Lancaster) n'être plus au pouvoir, Maurice n'a de cesse de revendiquer l'appartenance des Chagos.

vi. Les Chagossiens, quant à eux, finissent par signer un accord pour renoncer à toute action en justice, en échange d'une compensation financière.

Au vu de ces faits, et à l'examen des divers jugements rendus en faveur comme en défaveur des Chagossiens ou de l'Ile Maurice, nous sommes d'avis que l'expulsion des Chagossiens et leur interdiction de retour sur leur archipel (archipel que beaucoup n'ont jamais foulé), sont non seulement moralement répréhensibles, mais également illicites d'un point de vue purement juridique. Mais là où le problème se pose, c'est que nonobstant le fait que tout indique clairement que cette situation est illégale, comme en témoigne l'avis de la CIJ en 2019, cela ne semble pas changer grand-chose à leur sort, et ce pour une raison qui est clairement énoncée dans le titre de cet essai, à savoir : la *realpolitik.*

En effet, il est peu probable que quelques Chagossiens puissent faire plier la plus grande puissance militaire que le monde ait connue. Si on n'a pas peur des clichés, on serait tenté de dire que c'est le combat du pot de terre contre le pot de fer. Les intérêts en présence sont tellement importants que l'on voit mal les États-Unis faire marche arrière et démanteler leur base militaire sur Diego Garcia. Le mieux que l'on puisse espérer, c'est qu'ils permettent aux Chagossiens d'habiter les autres îles de l'archipel et cesser de s'y opposer en prétextant un hypothétique risque d'infiltration terroriste. C'est là un constat bien amer, certes, mais qui a le mérite du réalisme. Le droit international n'est pas parfait, mais il est perfectible. Il faut espérer qu'un jour les instances concernées n'aient pas peur de froisser les grandes puissances de ce monde et que les juges nationaux comme internationaux osent prendre des décisions qui heurtent la sensibilité des grandes nations. Mais ce jour n'est pas pour demain, étant donné le poids économique et militaire que font peser ces mêmes puissances au sein des instances internationales. En effet, la société internationale est construite sur le même modèle que celui de *la ferme des animaux*[201] : tous les pays sont égaux, mais certains le sont plus que d'autres.

[201] G. Orwell, *Animal Farm*, Penguin, 2003

Bibliographie

1. Allen S., *The Chagos Islanders and International Law*, Hart Publishing, 2014
2. Anaya SJ, *Indigenous Peoples in International Law*, Oxford University Press, 2004
3. Battistella D., *Théorie des relations internationales*, Presses de Sciences Po, 4e édition, 2012
4. Blanchard P., Bancel N., Lemaire S., *La fracture coloniale*, La Découverte, 2013
5. Cassese A., *Self-Determination of Peoples : A legal Reappraisal*, Cambridge University Press, 1995
6. Castañeda J., *Legal effects of United Nations Resolutions*, Columbia University Press, 1969
7. CrawfordJ., *The creation of States in International Law*, Oxford University Press, 1977
8. Cromwell D., *Why Are We The Good Guys?: Reclaiming Your Mind From The Delusions Of Propaganda*, Zero Books, 2012
9. Curtis M., *Unpeople: Britain's Secret Human Rights Abuses*, Vintage Digital, 2008
10. Curtis M., *Web Of Deceit: Britain's Real Foreign Policy*, Vintage Digital, 2008
11. Droz B., *Histoire de la décolonisation au XXe siècle*, Seuil, 2009
12. Dupuy P-M, Kerbrat Y., *Droit international public (Précis)*, Dalloz, 2014
13. Fisher G., Morris-Jones W. H., *Decolonisation and After: The British French Experience, Routledge*, 2012
14. Fitzmaurice G., « The foundations of the authority of International law and the Problem of Enforcement », *Modern Law Review 1*, 1956
15. Gerbi A., *Histoire occultée de la décolonisation franco-africaine*, Harmattan, 2012
16. Guyon de Chemilly M., *Asie du Sud-Est, la décolonisation britannique et française*, Harmattan, 2010
17. Hannum H., « Rethinking Self-determination », *Virginia Journal of International Law 1*, 1993

18.Hedges C., *War Is a Force that Gives Us Meaning*, Public Affairs, 2014

19.Hitie E., *Histoire de Maurice, Ancienne Ile de France*, British Library, Historical Print Editions, 2011

20.Hoffman B., *La mécanique terroriste*, Calmann-Lévy, 1999

21.Hyam R., *Britain's Declining Empire: The Road to Decolonisation, 1918-1968*, Cambridge University Press, 2007

22.Jennings RY., *The Acquisition of Territory in International Law*, Manchester University Press, 1962

23.Knop K., *Diversity and Self-determination in International Law*, Cambridge University Press, 2002

24.Michel M., *Décolonisations et émergence du tiers monde* : 2e édition (Carré Histoire), Hachette, 2005

25.Musgrave TD., *Self-determination and National Minorities*, Oxford University Press, 1994

26.Pilger J., *Hidden Agendas*, Vintage Digital, 2010

27.Rebut D., *Droit pénal international (Précis)*, Dalloz, 2014

28.Renouard M., *Lawrence d'Arabie*, Gallimard, 2012

29.Selvon S., *A New Comprehensive History of Mauritius 2: Vol 2 From British Mauritius to the 21st Century*, CreateSpace Independent Publishing Platform, 2012

30.Vaughan M., *Creating the Creole Island: Slavery in Eighteenth-Century Mauritius*, Duke University Press Books, 2005

31.Vine D., *Island of Shame: The Secret History of the U.S. Military Base on Diego Garcia*, Princeton University Press, 2011

32.Vine D., *The Impoverishment of Displacement: Models for documenting Human Rights Abuses and the People of Diego Garcia*, Human Rights Brief, 2006.

33.White N., *Decolonisation: The British Experience since 1945*, Routledge, 2013

Sitographie

http://hudoc.echr.coe.int/sites/eng/pages/search.aspx?i=001-64012#{%22itemid%22:[%22001-64012%22]}

http://legal.un.org/ilc/texts/instruments/francais/traites/1_1_1969_francais.pdf

http://plato.stanford.edu/entries/lawphil-nature/

http://theconversation.com/why-mauritius-and-the-uk-are-still-sparring-over-decolonisation-40911

http://www.bbc.com/news/world-africa-13882731

http://www.chagossupport.org.uk/

http://www.ctbto.org/verification-regime/featured-stations/types/hydroacoustic/ha08-british-indian-ocean-territory-biotchagos-archipelago-united-kingdom/

http://www.echr.coe.int/Documents/Convention_FRA.pdf

http://www.franceinter.fr/emission-rendez-vous-avec-x-les-chagos-ou-les-oublies-de-la-guerre-froide

http://www.francetvinfo.fr/monde/asie/hollande-soutient-l-inde-pour-un-siege-de-membre-permanent-au-conseil-de-securite_250433.html

http://www.icj-cij.org/docket/files/61/6195.pdf

http://www.icj-cij.org/docket/files/69/6447.pdf

http://www.ilc.unsw.edu.au/resources/indigenous-peoples-and-international-law#bullet4

http://www.intelligence.senate.gov/study2014/sscistudy1.pdf

http://www.lematinal.com/politique/7951-ramgoolam-il-faut-reclamer-notre-souverainete-sur-les-chagos.html

http://www.lemauricien.com/article/souverainete-maurice-sur-les-chagos-saj-tout-fait-la-grande-bretagne-l-archipel-des-chagos-i

http://www.lemauricien.com/article/souverainete-territoriale-chagos-avancee-historique

http://www.lexisnexis.fr/lnjcpro

http://www.ohchr.org/Documents/Publications/pinheiro_principles_fr.pdf

http://www.pca-cpa.org/showpage.asp?pag_id=1429

http://www.pnas.org/content/108/17/6889.full

http://www.theguardian.com/world/2008/mar/02/ciarendition.unitednations

http://www.theguardian.com/world/2014/dec/13/diego-garcia-cia-us-torture-rendition
http://www.un.org/fr/decolonization/declaration.shtml
http://www.un.org/press/fr/2003/CS2444.doc.htm
https://www.gov.uk/government/speeches/british-indian-ocean-territory-policy-review
https://www.icrc.org/customary-ihl/eng/docs/v1_rul_in_asofcuin
https://www.youtube.com/watch?v=PjNfXK6QpqY

www.ingramcontent.com/pod-product-compliance
Lightning Source LLC
LaVergne TN
LVHW051400061026
849535LV00009B/3284